「知らなかった」で損をしない、
働く人の必携書

職場問題

グレーゾーンのトリセツ

社会保険労務士
村井真子

アルク

はじめに

人生で初めて給与明細を受け取ったときのことを覚えていますか？

私は覚えています。昼休みが終わって席に戻ったら、机の上に封筒に入った明細があったのです。「給与は振り込みだと聞いていたけれど、これが噂の給与明細なんだ！」とドキドキして封を切り、そして、あまりの少なさにびっくりしました。

入社日が給与計算期間の真ん中にあり、したがって給与自体が半額だったことに加え、給与天引きで各種保険料が控除されていたことで少額だったわけですが、当時の私はそんなことはまったく知りませんでした。明細の読み方もわからず、「少ないっ！」と衝撃を受けたのでした。

私は現在、社会保険労務士・キャリアコンサルタントをしていて、仕事柄、企業の経営者やスタッフ、休職中や求職活動中の人、学生さんなど、さまざまな立場の人と話す機会があります。また、研修講師として登壇すると、その後でいろいろな人から相談を受けます。みなさんが最初に言われるのは、決まって「変なことを聞いてすみませんが……」という一言です。

でも、働く問題に「変なこと」などありません。実際のところ、その枕詞に続いて寄せられるのはこんな質問です。

「会社に休職規定はないんですが、休みたいと言っても大丈夫でしょうか？」

「転職したら、募集要項に書いてあった金額と実際にもらう給与が違うんです……」

「上司が変わったら、急に自分だけに残業が増えるようになって、すごくつらいです」

また、会社経営者の方々からはこんな相談が増えています。

「パワハラと言われるのが怖いからなのか、管理職が部下をきちんと指導しません……」

「社員の親から電話があって、子どもがうつ病になったというんです」

「今年の新入社員は男性ですが、化粧をしてるみたいです。どう扱えばいいんでしょうか？」

ここ数年、日本社会や働く現場はかつてない速度で変化し続けています。それに伴い、会社が今までとは異なる業種・業態に乗り出したり、買収や合併で急に社内風土が変わったりと、労働者の置かれている環境も大きく変わりつつあります。副業や兼業も一般的な言葉になり、多様な働き方が定着してきたといえます。

しかし、法律はこの現場の変化に追いついていません。むしろ、現実を後追いするように判例が出てきたり、世論が形成されてから法律が改正される傾向にあります。記憶に新しいのは、男性の育児休業に関する規定が盛り込まれた育児・介護休業法の改正です。二〇二二年十月から改正施行されたこの法律では、「男性の育児休業取得促進のため」と明確に謳われた「産後パパ育休（出生時育児休業）制度」が創設されました。けれども、この制度ができる以前に、男性にも育児休業の権利があると声をあげた労働者はいました。そうした声を聞いて、早くも制度として取り入れていた民間企業は少なくなかったのです。もちろん、会社に一定の強制力を持たせたという点で法改正は素晴らしい成果ですが、主導していたのは民間であり、世論でした。

ただ、世論が形成されるまで、こうした問題はグレーゾーンのままです。

専業主婦の妻がいる男性社員に育児休業を取らせないのは法令違反なのか？育児休業よりもむしろ、出産で妻が働けない以上、夫の働く場を増やしてお金を稼ぐほうがいい……そんな考えを持つ人もいるでしょう。会社側と労働者側の双方でそうした声が出ることが自然だと思います。

現代は価値観が多様化しています。育児休業が保障された状態であれば、「育児休業を取る／取らない」についても、個人の価値観による選択ができます。労働者としては、まずは「保障された状態があるかどうか」ということを知ることが重要です。

また、法律で明確に線引きされたアウトな事例や明らかな法違反ではないものの、次のような問題に関する労働トラブルが増えています。

- 法違反だが、業界の慣習や長年の自社の慣例で、会社側が違反だと認識していないもの（不適切な給与天引き、サービス残業など）。
- 一般的な感覚では法違反だが、法律上は違反ではないもの（合理的な理由のある育児休業後の異動など）。

また、給与計算期間や天引き控除についても一定のルールがあります。ルールを知らなければ、トラブルがあっても気づくことはできません。知らないために誤解が生じたり、会社に対しての質問の仕方がわからないなどの気後れにつながります。

本書は、こうした職場の問題に悩むビジネスパーソンのみなさんの参考になればと書きました。取り上げた事例は明らかに法違反であるものから、法違反とはいえないグレーゾーンまでさまざまです。何がセーフで何はアウトなのかという知識を用いて、自分が置かれた環境を整えたり、トラブルが起きたときに応急処置ができるような内容になっています。

本書を、変化の激しい時代で働くみなさんの武器として活用いただければ幸いです。

村井真子

二〇二三年四月

目次

第2章　労働時間と休暇――57

第3章 ケガ・病気――87

第4章 ハラスメント・人間関係――103

第5章 賃金・福利厚生

第6章 異動・退職・キャリア——165

第1章

就業規則・社内ルール

相談
1

育児休業を申請したら、自宅から通えない職場に配置すると言われました。

アドバイス

育児・介護休業法違反です。悪質な場合は、社名公表や金銭的ペナルティも行われます。

Keyword 育休

育児休業の申請や取得に対して、労働者に「不利益な扱い」をすることは育児・介護休業法で禁止されています。不利益な扱いとは、解雇、契約の打ち切り、正社員を非正規にする、というのはもちろんのこと、賞与で必要以上の減額をしたり、昇進させないように扱うことなども含まれます。相談者のように、配置転換で損になるような場所へ異動させることも不利益な扱いに当たります。*1

このような場合、まずは社内で人事や担当窓口に相談してみましょう。それでも状況が改善しないときは、労働局や労働基準監督署に設置されている「総合労働相談コーナー」で相談することをお勧めします。労働局によって

＊1 二〇一九年、大手総合化学メーカー社員のツイートがきっかけで暴露されたのは、男性が会社に勧められて育休を取得したにもかかわらず、復帰後二日で転居を伴う異動を言い渡され、かつそれを拒

は専門の相談窓口を置いている都道府県もあります。相談が寄せられると、違反企業に対しては労働局から助言・指導・勧告などが行われます。行政指示に従わない会社は、社名公表の措置がとられたり、虚偽の報告をするなど悪質な場合は、20万円の過料（金銭罰）も科されます。

コンプライアンスに対する考え方が日々厳しくなっている現在、社名公表のリスクは大きいものです。社内で相談するときには、この情報も併せて伝えていただければと思います。

育児・介護休業法は令和三年に大きな改正[*2]がありました。育児休業がとれるスタッフがいる場合、**企業は育児休業が取得できること、およびその取得意思を個別に確認**しなければならなくなりました。また、スタッフが育児休業をためらわずスムーズに取得できるよう、研修の実施や窓口の設置など、厚生労働省が指定する四つの取り組みのうち一つ以上を実施することも義務づけられました。さらに労働者数が千人以上の大企業は、取得の実績を公表する必要があります。このように育児休業等が取りやすくなるような政府の後押しが進んでいます。

んだために退職に追い込まれたというものでした。これは大きく報道され、同社の時価総額はある経済紙の試算によると約624億円も損失が出たとされています。

＊2 育児・介護休業法の改正により、企業は次の四つの措置のうち、いずれか一つ以上を講じなければならなくなりました。

①育児休業・産後パパ育休に関する研修の実施
②育児休業・産後パパ育休に関する相談体制の整備（相談窓口設置）
③自社の労働者の育児休業・産後パパ育休取得事例の収集・提供
④自社の労働者へ育児休業・産後パパ育休制度と育児休業取得促進に関する方針の周知

相談2

毎日数分だけ遅刻してくる後輩。モヤモヤします。

アドバイス

決められた契約を守れないと、懲戒の対象になります。

Keyword　遅刻

会社と労働者は「雇用契約」という契約関係にあります。簡単にいえば、「会社の命令に従って労働力を提供します。その代わりに会社は給与を支払います」という約束を交わしている状態です。そして、遅刻はこの約束を破っていることになります。例えば、毎日午前八時から仕事を開始する、というのが始業時刻として定められているのなら、八時には仕事を開始できる状態でなければなりません。

ですので、毎日遅刻している後輩の人は契約違反の状態です。就業規則の懲戒の項目として多いのは、「遅刻・早退・欠勤が多いとき」です。これは遅刻している事実そのものに対する制裁という面もありますが、一人に遅刻されることによって会社全体の「勤労に向かう雰囲気」が乱れることを懸念している面もあります。たった数分だからと遅刻を見逃していると、まじめに定時出社している他のスタッフに示しがつかなくなります。会社にこのような規定があれば、懲戒処分を受ける可能性が高いでしょう。

また、「ノーワーク・ノーペイの原則」[*1]というものもあります。これは民法に根拠があり、**労働者側が会社に対して給与を請求できるのは労働を提供した後**だというものです。つまり、企業が遅刻された時間の給与をカットすることは合法です[*2]。実際、月給制であっても欠勤分を控除する「日給月給制」を採用している企業がほとんどですので、遅刻分の給与が差し引かれるのは制裁ではなく、単純にこの原則によるものです。

「でも、電車が遅延するんだけど……」という場合もあるでしょう。これも程度によります。通勤時間帯の電車はダイヤが乱れることも多く、車通勤でも「この道はいつも混む」というポイントはあるものです。しかし、それが頻繁に起こることであるなら、それを見越して少し早く出ることも可能です。たかが遅刻、されど遅刻。社会人としての常識を疑われる行為ですので、後輩の人が考えを改められるといいのですが。

＊1　ノーワーク・ノーペイの原則は、民法第624条の次の記載が根拠とされます。「労働者は、その約した労働を終わった後でなければ、報酬を請求することができない」

＊2　三協工業事件（東京地方裁判所昭和四一年（ヨ）二二八四号判決）は、遅刻による勤務態度不良に関する懲戒を認めた裁判例です。この事件では遅刻だけではなく仕事に対して熱心でも誠実でもなかったため、会社の信用問題や経済的な不利益も発生していました。したがって会社による解雇処分は合法とされました。

相談3

事務職なのに、会社がテレワークを認めないのはどういうとき？

アドバイス

セキュリティ上のリスクなどが考えられます。

Keyword テレワーク

日本でも定着してきたテレワーク。[*1] 労働者のさまざまなライフスタイルや働き方をサポートするために、導入する企業が増えました。政府[*2]も導入を後押しすべく、助成金[*3]の支給などを行っています。「在宅勤務」のほか、出先のカフェなどで仕事ができる「モバイルワーク」や、「サテライトオフィス」での勤務制度があります。

会社がテレワークを導入できるかどうかは職種や仕事の内容によりますが、導入されない理由には、次のようなものが挙げられます。

① テレワークができる業務が限られている。

＊1　テレワークを推進する理由の一位は「自然災害や感染

②情報セキュリティの確保が難しい。
③紙の資料が電子化されていない。紙の資料でしか仕事ができない。

例えば①は、現場に行く必要のある介護士や美容師などがすぐに思いつきます。

相談者の場合は、②が当てはまりそうです。自宅や出先のインターネット回線で仕事をすると、セキュリティ上のリスクが高まります。フリーWｉＦｉは情報漏洩しやすいほか、出先でパソコンを開けば、背後から他者にモニターを覗かれる可能性もあります。自宅のパソコンがウイルスに感染していた場合、気づかないまま会社のネットワークに入り込む恐れもあるので、**セキュリティ対策がとれているかは重要**です。

また、社員同士がいつ働いているのかを把握するのが難しいという、会社側の理由もよく言われることです。在宅勤務はオンオフの切り替えが難しく、長時間労働につながるという見方もあります。ですから、事務職だからといってテレワークが絶対に可能とは言い切れません。会社全体の仕事内容から、その可否を総合的に判断することになるでしょう。

症などの非常事態に事業を継続するため」、次いで「スタッフの通勤時間短縮等のため」という調査結果があります（テレワークの労務管理等に関する実態調査【概要版】令和三年三月（三菱ＵＦＪリサーチ&コンサルティング）。

＊2　厚生労働省「テレワークの適切な導入及び実施の推進のためのガイドライン」はテレワークの導入方法がわかりやすくまとめられています。また、テレワークの対象者は事務職のみに偏らないようにすべきとも指摘しています。

＊3　人材確保等支援助成金（テレワークコース）は中小企業事業主が助成対象で、在宅勤務等でテレワークの制度を導入した場合に支給されます。

相談 4

職場で撮った楽しい写真。SNSにアップしたら懲戒処分を受けました!

アドバイス

顧客情報や守秘義務にあたる内容、肖像権の侵害に関するものは、懲戒処分の対象になる場合があります。

Keyword SNS

プライベートでSNSを楽しく活用する人は多いでしょう。でも、オフィスや会社のイベントで撮影した写真をSNSにアップロードする行為はコンプライアンス上、かなりきわどいものといえます。そうした写真を会社の許可なく公開すれば、懲戒処分を受けることも十分ありえます。

企業がSNSへの写真投稿に厳しく反応するのは、**写真には撮影者が想定する以上に多様な情報が含まれている**からです。

例えば、職場のデスク上に置かれた商品はスポンサー企業の競合会社のものだったりしませんか? たった写真一枚でも、企業は運営上のリスクが増えることになります。また、写真の中に第三者が写り込んでいた場合、肖像権侵害にあたる可能性が高まります。知人が見たら個人が特定できるレベルで写っている写真は、なおさらです。プライバシー保護の観点からも、このような写真は公開するべきではなく、もし公開するとしても、モザイクをかけるなど個人の特定ができないような配慮が必要です。

SNSは個人でも手軽に情報発信ができる便利なツールですが、近年は個人のSNS投稿が原因で、いわゆる炎上状態となり、大きな損失が出る例も増えてきました。もちろん企業がスタッフに対してSNSの利用を禁止することはできませんが、顧客情報や守秘義務の漏洩につながることや、肖像権の侵害に当たるような投稿に対して、就業規則や企業内ガイドラインで制限をかけることは合法です。また、上場企業は業務に関する投稿自体がインサイダー情報にあたる可能性もあり、会社の信用にも関わります。意識の低い労働者を抱えている会社なのだと見られ、ネガティブな評価につながりかねません。

このように、就業規則に懲戒の規定があり、SNS投稿に関する記載があれば、会社は個人が行ったSNSの投稿に対しても懲戒処分を行うことができます。

＊1 肖像権はプライバシー権を根拠にしていますが、明確な法律上の規定はありません。したがって裁判例の「個人の私生活上の自由の一つとして、何人も、その承諾なしに、みだりにその容ぼう・姿態を撮影されない自由を有する」という観点から本文を執筆しています。この文章は京都府学連事件（最大判昭和四四年十二月二四日）に由来します。

＊2 企業側に非はないのにスタッフのSNS投稿が原因で企業が謝罪した、二〇一九年の事例があります。大手回転ずしチェーンの従業員が一度ゴミ箱に捨てた魚をまな板にのせる動画を投稿しました。投稿があった同年同月の既存店売上高は、前年同月比6・2％減と大きく落ち込みました。

相談 5

急に会社に来なくなった同僚。音信不通のまま退職したらしいのです。

アドバイス

無断欠勤は会社との契約違反です。また、音信不通で退職せずに、必ず退職の意思を伝えましょう。

Keyword 欠勤

会社に行きたくない日は誰にでもあるものです。だからといって休んでいいことにはなりませんが、音信不通になるのはもってのほか。会社はあの手この手で連絡を取ろうとしてきます。なぜなら、会社は状況を把握する必要があるからです。単なる無断欠勤なのかどうかも、連絡が取れない以上は「確認できない」という状態です。また、無断欠勤を理由に解雇するにしても、会社側としては一定の手続きを踏まなければなりません。

ですから、自社のスタッフが交通事故に遭っているのではないか、事件に巻き込まれているのではないか、自宅で病に倒れていて救急車も呼べていないのでは……とありとあらゆる可能性を想定し、会社は連絡を取ろうとするはずです。携帯やメール、LINEなどのSNSを使ったり、緊急連絡先として履歴書に記載のある実家の番号に電話をすることもあります。一か月以上、音信不通であれば自宅訪問も数回行うことになるでしょう。

労働基準法は解雇の条件を非常に厳しく設定しています。たとえ音信不通でも、「本当に」音信不通なのかという点が、解雇の有効性の判断で問われます。[*1]そのため会社はかなりの時間と労力を割いて連絡を取ろうとしてくるのです。会社によっては就業規則に音信不通時の退職の扱いが規定されていることもありますが、そうであっても手続きは踏まれます。[*2]それを思えば、退職の申し出をするほうが後々のトラブルは少ないのです。

「退職」とは、労働契約の解除の申し出にあたります。退職届は手渡しするのが双方の意思確認の点で望ましいですが、会社宛に郵便やメールで送ることもできます。ただ、これだけでは**本当に本人の意思であるかがわからない**ので、書面に加えて電話など口頭でも退職の意思を伝えましょう。

どうしても会社に行きたくない事情が、ハラスメントや過労死寸前という場合もあります。音信不通になる前に、信頼できる社内外の窓口に相談してみると、原因自体の解決に向かうこともあります。

＊1　O・S・I事件（東京地判令和二年二月四日判決）は、音信不通者に対する解雇の有効性が争われた事件です。会社の就業規則に正当な理由なく欠勤が一定期間に及んだ場合に、会社からの出勤の督促に応じない又は連絡が取れない場合は懲戒解雇とする規定がありました。しかし、これだけで解雇を行うことはできず、この規定を根拠とする解雇は無効とされました。

＊2　就業規則に根拠となる規定がある場合は「行方不明による自然退職」として処理されることもあります。この場合は解雇ではなく、労働契約の終了として扱われます。

相談 6

会社の備品を壊しちゃった！弁償代を給与から天引きされちゃう？

アドバイス

どんな場合でも、弁償代を給与から無断で天引きすることは許されません。

Keyword　備品損壊

会社の備品を壊してしまい、弁償代を請求される……絶対に払わなければならないような気がしますよね。最近はパソコンや携帯電話など高額な備品が貸与されることも多く、こうした相談が増えているようです。

でも、単なる不注意や、通常使用の範囲内での破損であれば、損害のすべてを弁償しなければならない場合は限られます。それらの備品は仕事で使用するものなので、誤って壊してしまうことは十分起こりえることです。仕事をする上でのリスク管理の責任は会社側にあり、備品の管理も当然に責任範囲に含まれます。

ですから、労働者自身に全額弁償義務が課せられるのは、わざと壊したり、通常では考えられないような使い方で壊したときに限定されます。また、弁償金額は備品自体の価値や破損の程度によって決まります。したがって、こうした破損に対し、会社が事前に賠償金額[*1]を定めたり、一方的に金額を決めて労働者から徴収することは許されません。

仮に弁償する義務が課せられる場合でも、無断で給与天引きすることは労働基準法で禁止されています。**給与はその全額[*2]を支払わなければならない**とされており、無断の給与天引きはこの規定に違反します。労働者自身が自分の意思で許可しない限り、会社が弁償代を天引きすることはできないのです。

もし備品を壊してしまったら、その状況と破損の程度について、速やかに会社に申告します。黙ったままでは故意にその事実を隠したとみなされ、就業規則に定める懲戒理由に該当する可能性があります。そのうえで、懲戒内容に従い始末書を書いて出すなどの対応をしましょう。

ただし、会社から金額を言い渡されたら、その額の支払いに安易に同意してはなりません。まずは提示された金額が妥当なのかを、自分でも修理見積りを取るなどして確認するとよいでしょう。

＊1　労働基準法第16条で「使用者は、労働契約の不履行について違約金を定め、又は損害賠償額を予定する契約をしてはならない」と定められています。これは、一律の弁償額を事前に決めてはいけないという趣旨の規定です。

＊2　労働基準法第26条で、「賃金は、通貨で、直接労働者に、その全額を支払わなければならない」と定められています。これを賃金の全額払いの原則といいます。

相談 7

「女性はスカートとパンプス着用で」と言われたけど、守らないとダメですか？

アドバイス

仕事で「本当に」必要ならば、守る義務があります。

就業規則に記載があるだけでなく、暗黙の了解でドレスコードが決まっている企業はたくさんあります。特に接客の仕事では、企業イメージを守るために服装規定を持つことが一般的です。ですので、本当に必要であれば、服装の基準は守る義務があります。

でも、「仕事に必要な範囲」は企業や仕事の内容で異なりますよね。仮に、この範囲を超えて、**女性だけに服装制限をかけることは別問題**です。規定を作った当時と現在では常識が変わり、時代に合わない規定が残っていることもあります。疑問を持たれたら、ぜひ一度、人事部や総務部を通じて声をあげてはどうでしょうか。現在はトランスジェンダーの人だけではなく、「表

Keyword 服装規定

現する性[*1]」の観点から服装規定を見直す動きもあります。こうした視点は企業のガバナンスを考える視点でも非常に重要です。実際、こうした服装規定を見直すことはそのような情報に目配りできていると社内外にアピールする効果があります。

また、就業規則を変えるには、「労働者の代表者から意見を聞くこと」が義務づけられています。つまり、企業側が勝手に就業規則を変えることはできないのです。就業規則に疑問があるときは、労働者側の代表者に直接相談してみる方法もあります。過去の就業規則の改定時に、意見書を書いた人を探してみるのもいいでしょう。

ちなみに、「ジャージでの就業禁止」「髪の色は自然界に存在する範囲にとどめること」といった規定を持つ企業もあるようです。他の社員の規律を乱さないために、このような制限をかけているのでしょう。さらに、バス会社の運転手が脱帽して運転したことについて、着帽させることは合理的であるという裁判例[*2]もあります。服装規定は裁判にまで持ち込まれることもあるのです。

＊1 「表現する性」とは、性のあり方を規定する要素の一つです。言葉遣い・服装・振る舞いなど、自分らしさが社会からどのような性別と捉えられているのかを表すもので、例えば自分が女性だからといって、いわゆる「女性らしい」服装を好まないとしても、それは性表現として尊重されるという考え方です。

＊2 東急バス事件（東京地裁平成十年十月二九日判決）
路線バスの運転手に対し、会社が行った懲戒処分に関する裁判です。会社は運転手に対して、就業中は帽子をかぶることを就業規則で義務づけていました。この裁判では運転手ということが一目でわかるという点からも着帽規定は合理性のあるものと判断されました。

相談 8

つい会社の不満をSNSに書いたら、クビになりました！

アドバイス

内容によっては解雇もありえるので、注意しましょう。

Keyword SNS

会社の不満といっても、いろいろなレベルがありますよね。上司との相性の悪さ、休日出勤がつらい、という愚痴のようなレベルから、会社で深刻ないじめにあっていたり、明らかに法律違反の仕事の片棒を担がされている……といったものまで、その幅は広いと思います。企業や行政機関に対する内部告発であれば「公益通報者保護法」*1という法律があります。告発した人が解雇されたり、告発によって企業が被った経済的損失の賠償責任が及ばないようにするためのものですが、SNSのように**不特定多数に向けて発信**した場合はこの法律が守ってくれるわけではありません。

SNSで企業に対して悪意がある情報を発信した場合や、企業が守るべき信用を積極的に傷つけた場合は、会社の就業規則に従って処分を受ける可能性があります。例えば、自社製品が不良品だと誤解させるためにわざと壊してみせたり、クレームを言ってきた相手について、見る人が見れば特定できるレベルで暴露したり。守秘義務があるのに業務内容について書き込んだりした場合も、処分の対象になる可能性が高いといえます。

最近は大企業を中心として、SNSを含むソーシャルメディアガイドラインを定めたり、利用規定を設ける動きが出ています。業務外の時間までSNSの利用を禁止することはできませんが、意図的に会社を貶めるような内容や、会社の信用を傷つけるような情報の発信、広報アカウント以外の自社ロゴの使用や名称、版権利用を禁止する内容を服務規定に盛り込む企業も増えています。規定違反の投稿に対して、企業は他のスタッフや関係者、顧客を守るために行動せざるをえません。投稿の内容やレベル、頻度によっては、解雇処分になる可能性もあるでしょう。

SNSは情報の伝え手と受け手の距離が近く、つい自分の持っている情報を出したり、インパクトある投稿をしがちです。会社の話を書き込みたいときは、一度立ち止まって本当にいいのかと考えてみてください。

＊1　公益通報者保護法は、会社に一定の違法行為があることを内部から外部に通報することを保護した法律です。通報した人を解雇や減給などの不利益な処分から守ることを目的とし、二〇二二年の法改正では、企業に対して通報窓口の設置や内部の通報者に対する守秘義務が課せられました。

相談 9

正社員以外は会社の健康診断が受けられないの？

アドバイス

非正規社員でも、週三〇時間以上働いていれば健康診断は受けられます。

Keyword 健康診断

二〇二〇年における「非正規雇用労働者」は、女性で約5割、男性で約2割まで増えました。[*1] いわゆる正社員ではない身分で働く人が増えているのですが、正社員と非正規社員の待遇差について、企業側には十分な理解と啓蒙が不足していると感じます。

相談は、**労働安全衛生法で定められた「一般健康診断」**のことを指していると思われます。一般健康診断は正社員だけではなく、次の①または②に該当する人にも受けさせなければなりません。[*2]

① 期間の定めのない労働契約により雇用されていて、週三〇時間以上の労

＊1　男女共同参画局「男女共同参画白書 令和三年版」

働契約を結んでいる。

② 期間の定めはあるが、契約期間が一年以上（一定の業務に従事する場合は半年）[*3]、または更新で一年以上働くことが見込まれている場合で、週三〇時間以上の労働契約を結んでいる。

なお、週の労働時間が二〇時間以上の労働契約でも、一般健康診断を受けさせるのが望ましいと労働基準局長が通達を出しています。[*4]

ところで、健康診断自体の受診費用は会社が負担しなければならないのですが、その間の賃金は、労使間の協議によって定めることが望ましいとされています。また、実際の受診日を会社の営業日以外に設定している企業も多く存在します。これ自体は違法ではありませんが、シフト制の仕事では健康診断に行きづらいこともあるようです。健康診断の受診率を上げたい企業は、ぜひ有給での受診を検討いただきたいと思います。

＊2　事業者は常時使用する労働者に対し、一年以内ごとに一回、定期に医師による健康診断を行う必要があります（労働安全衛生規則第44条第1項）。

＊3　多量の高熱物体を取り扱う業務、著しく暑熱な場所における業務、ラジウム放射線、エックス線などの有害放射線にさらされる業務など十四の業務を特定業務と呼び、半年に一回の健康診断を会社に義務づけています（労働安全衛生規則第45条第1項）。

＊4　週三〇時間や週二〇時間とは、正確には「通常の労働者の一週間の所定労働時間数の4分の3以上」「通常の労働者の一週間の所定労働時間数の概ね2分の1以上である者」を指します。

相談 10

子どもの発熱で欠勤連絡をしたら、ペナルティがあると言われました。

アドバイス

罰金という金銭的なペナルティは、労働基準法違反です。

Keyword 欠勤

遅刻や欠勤、早退においてペナルティがあるという企業は、残念ながら少なからず存在するようです。子どもの発熱は突発的に起こります。また、本人の体調不良なども前もって予測できず、当日欠勤や出勤直前の連絡になってしまうのはしょうがないことでしょう。やむを得ない理由でも金銭的なペナルティがあるのは、**賠償予定額を定めることを禁止する労働基準法違反**の可能性が高くなります。例えば、次の場合が当てはまります。

- 遅刻すると一日分の欠勤控除になる。
- 欠勤するときは自ら自分の代わりの人を探し、いなければ罰金を払う。

さらに、これが給与から天引きされていたら、賃金全額の原則にも違反します。もっとも、欠勤した一日分、遅刻や早退した時間分についての給与がカットされることは合法です（ノーワーク・ノーペイの原則）。

子どもの発熱時に労働者が使うことができる権利に「子の看護休暇*1」制度があります。これは「育児・介護休業法」で保障された権利で、「未就学児を持つ労働者は年五日、子の看病等を理由に休むことができる」というものです。この制度を使って休みを請求されたら会社は拒むことができません。また、制度利用のための医師の診断書は不要です。証明として提出を求めるにしても、保育園の欠席がわかる連絡帳や病院の領収証、市販薬の購入レシートなどでもよいとしています。有給休暇とは異なり、会社が繁忙期であってもこの申し出は断れないとされ、専業主婦・専業主夫のパートナーがいても利用できます。休める日数の上限は、子どもが複数いた場合は年十日、突発的な発熱だけでなく、予防接種や乳幼児健診なども利用範囲に含まれます。この制度で休んだ場合、該当する時間分の欠勤控除を行うことは合法ですが、人事評価の対象で不当に評価することは不利益扱いとされて禁止されています。

*1　子の看護休暇は育児・介護休業法（正式名称　育児休業、介護休業等育児又は家族介護を行う労働者の福祉に関する法律）第16条の第2、第16条の第3、第16条の第4項で定めています。また、子の看護休暇を利用したいと申し出たり、実際に利用したことについて、「当該労働者に対して解雇その他不利益な取扱いをしてはならない」と定めています。

相談 11

正社員に適用される慶弔休暇、非正規にはないのが普通なんですか？

アドバイス

特殊事情がない限り、非正規雇用に慶弔休暇がないことは不合理と判断されます。

Keyword 待遇差

二〇一八年に定められた「同一労働同一賃金ガイドライン」によると、慶弔休暇は「短時間・有期雇用労働者にも、通常の労働者と同一の慶弔休暇の付与を行わなければならない」[*1]とあります。

したがって、正社員が慶弔休暇を取れるのであれば、非正規雇用の人も取ることが認められます。ただし、出勤日数に応じて慶弔休暇の日数を減らすことも認められています。ガイドラインでは、例えば、週二日出勤の労働者はシフト調整で休むことを基本にしつつ、休めないときは慶弔休暇の適用も問題ないとしています。慶弔休暇が有給である場合は、非正規社員も有給で慶弔休暇が認められます。

また、この考え方は慶弔見舞金の支給がある場合にも適用されます。同一労働同一賃金は、正社員労働者と非正規社員労働者の間にある、不合理や差別的な取扱いを禁止するという考え方です。ですので、正社員に支給される慶弔見舞金制度があるなら、非正規の人にも支給されてしかるべきということになるでしょう。ただし、前述の慶弔休暇と同じく、合理的な理由があれば支給金額の減額も認められています。仕事内容や責任の重さを比較して、正社員と非正規社員の間に明確な差があるときは、合理的理由として見舞金が減額されることは致し方ないでしょう。

企業は労働者から求められれば、こうした待遇の差を説明する義務があります。まったく説明してもらえなかったり、十分な説明がないときは、行政ADR*2という制度が使えます。どうしても納得いかないと思ったら、無料で専門家の支援が受けられますので利用してみてください。

パートタイム・有期雇用労働法などさまざまな法律の整備が進み、企業は**非正規労働者に対する不合理な待遇差の是正**を求められています。うちの会社には規定がないから……とあきらめず、まずは待遇差について説明を受けてみてください。

*1 厚生労働省「短時間・有期雇用労働者及び派遣労働者に対する不合理な待遇の禁止等にする指針」では、具体例とともに不合理な扱いとされるケースを記載しています。本文引用箇所は一部省略していますが、正確には「短時間・有期雇用労働者にも、通常の労働者と同一の慶弔休暇の付与並びに健康診断に伴う勤務免除及び有給の保障を行わなければならない」とあります。

*2 行政ADR（裁判外紛争解決手続）は、企業と労働者との間の法的な争いを裁判ではない形で解決することを目指すものです。無料で利用でき、第三者には非公開のため、労働者の負担が少ないというメリットがあります。利用したいときは総合労働相談コーナーへ相談してください。

ストーカー行為で逮捕された同僚。本人は「冤罪だ」と言ってますが……？

アドバイス

逮捕されただけで、会社がただちに解雇することはできません。

Keyword　逮捕

多くの企業では、就業規則に「会社の信用を著しく傷つけたとき」という条項を懲戒対象として盛り込んでいます。しかし、逮捕という事実がこのような記載に含まれるかは、ケースごとに判断されるでしょう。

社員が犯罪行為で逮捕された場合、ほとんどの会社は家族や刑事弁護人からの通報でその事実を知ります。その後、会社は事実確認の調査を行うことになります。逮捕された本人または弁護人から聞き取りを行い、どんな罪状で逮捕されているのか、本人はその罪を認めているのか、引き続き就労する意思があるのかどうかといった点を中心に確認します。

判決によって**刑が確定するまでは「推定無罪」として取り扱われる**ので、

＊1　X社事件（東京地判平成十九年四月二七日）
放送会社社員が番組制作に協力した未成年者らにストーカー行為をしたことに対して、会社が懲戒として休職処分に

会社もすぐに解雇という結論ではなく、慎重な態度が求められます。そもそも、私生活上のトラブルが原因であれば、基本的には会社が処分することはできません。まして相談のケースでは冤罪だと本人が申告しているので、なおさら解雇は不当と考えられます。なお、職業がドライバーで、飲酒運転での逮捕など職業との関連が強い場合は懲戒処分もありえます。

過去の裁判例では、ストーカー行為により逮捕された社員への懲戒処分を認めています。[*1] しかし、この例では懲戒といっても休職処分が認められるにとどまっています。他の裁判例でも、痴漢行為などは比較的軽い処分が妥当とされることが多いです。[*2] ただし、強制わいせつ罪に該当するものは解雇処分も認められていることから、[*3] 犯罪の内容が悪質であるか、繰り返された行為であるか、行為者の社内における立場などを総合的に考えて処分することが求められているといえるでしょう。

なお、逮捕・勾留の期間は通常は就労できないので、その間の賃金や身分がどうなるかは本人へ説明する必要があります。いったん無給での休職扱いとするのが妥当かと考えますが、本人の意向を聞きつつ会社が明示することになるでしょう。

しました。判決では特権的な立場を利用して付きまとい行為をしたことが重く判断されました。

＊2 東京メトロ事件（東京地判平成二七年十二月二五日）
駅係員が電車内で痴漢行為に及び、迷惑防止条例違反で逮捕されました。保釈後に諭旨解雇処分となりましたが、社会的に報道された事件ではなく、企業秩序に与える影響は少ないとして解雇は無効とされました。

＊3 深夜ホテル室内わいせつ行為懲戒解雇事件（東京地判平成二二年十二月二七日）
取引先の女性社員二名に対し、わいせつ行為をした部長が懲戒解雇となりました。裁判ではこの処分を十分に合理性のあるものと判断しました。

相談 13

自社ブランドの服を制服として着るルール。毎月の服代がすごいことに……。

アドバイス

制服化は合法ですが、自社商品の強制的な買い取りは労働基準法違反です。

Keyword 強制買取

アパレルブランドでは、自社商品を制服としてスタッフに着用させることが広く行われています。スタッフの着用によって店舗内の雰囲気を守ること、顧客に購買提案しやすいことなどが理由でしょう。スタッフが安く買えるように販売割引があったり、店舗から貸し出しを受けることができたり、制服代として一定額が支給されたりするなどの制度もあります。

でも、こうした制度がなく、一定額の洋服を強制的に購入することがノルマとして課されている場合は、労働基準法の違反[*1]にあたります。

また、一定のノルマのなかで、自社ブランドの商品を販売スタッフが買い取るものには、保険商品、ケーキ、恵方巻などの季節商品などでも見られます。ノルマがあること自体は問題ないのですが、それが達成できないときに、**スタッフの自腹での買い取りが強制的に行われれば、法違反にあたる可能性**が高いのです。

加えて、その洋服代が労使協定なく給与天引きされるのは、賃金全額払いの原則に違反します。

「労使協定」とは、労働者と会社との約束を書面にしたものです。税金以外で給与から天引き控除できるのは、労使協定で決めたものだけです。天引き控除されているなら、まずは、会社に労使協定があるかを確認してみましょう。賃金控除に関する労使協定は労働基準監督署への届出義務がないので、作成していない企業も残念ながら見受けられます。労使協定がない状態での給与天引きは違法であり、発覚すれば監督署から是正するよう指導を受けます。従わなかったり、悪質性が認められれば、企業に対して30万円以下の罰金が科せられます。

それでもこうした状態が改まらないのなら、監督署や総合労働相談コーナーに相談するのがいいでしょう。相談したことは秘密にしてもらえますし、無料で利用できます。

＊1 強制的な自社商品の購入や、ノルマが達成できないときに金銭的なペナルティが課せられる場合は、労働基準法第16条に規定する賠償予定の禁止に該当します。

相談 14

「インフルエンザでも出勤した」と武勇伝のように語る先輩。正直ドン引きです。

アドバイス

ただちに法違反にはあたりませんが、就業規則で禁じていることもあります。

Keyword 感染症対応

社会人に対し、インフルエンザなどの感染症について出勤を禁じる法律はありません。*1 子ども・学生については学校保健安全法で感染症予防について定められており、インフルエンザやおたふく風邪（流行性耳下腺炎）などの感染症を発症した場合、一定の期間、出席停止になります。これは学校が集団生活の場であることから、感染を広げないための措置なのですが、労働者にはこうした規定を設けた法律がないのです。

したがって、インフルエンザをはじめとした感染症でも出勤すること自体は行政法規違反ではありません。*2 しかし、会社も集団生活の場です。また、労働者は会社に対して労働時間内は労働力を提供する義務を負っているの

*1 新型コロナウイルス感染症は厚生労働省が特別に呼びかけたことで、陽性ないし濃厚接触者である社員の出勤停止措置を講じる企業が多くみられました。陽性であれば業務不履行のために無給、濃厚

で、その観点からもうつさない・うつらない努力は必要です。

インフルエンザは、高熱が出たり身内で発症者が出たりするなどの自覚症状がある場合と、本人に自覚症状がない場合があります。急を要する仕事があり、労働者本人が働ける状態であるとして就労を希望しても、自覚症状があるときは**労働者と会社とが協力して一定の感染予防措置を取るべき**です。その労働者が出勤することで社内に感染症が蔓延するリスクは、企業としての経済活動において、また他の労働者の安全配慮義務の観点からも重大な問題になる可能性があります。

問題は本人に自覚がない場合です。自覚がなければ、会社も労働者が罹患している事実を認識する機会がなく、就労を止められません。そこで、感染症に罹患している恐れのある社員に出勤停止を命じる就業規則を持つ会社もあります。*3 また、特別有給休暇として休暇を与えるケースもあるようです。相談者の先輩のような社員が増えないように、会社の対策が必要な分野といえるでしょう。

接触者であれば休業補償なし有休で対応した企業が多かったようです。

＊2 出勤した労働者本人を取り締まることはできません。ただし、感染症に罹患している労働者を就労させ、かつ周囲にも感染リスクを拡大させたということで、会社は労働安全衛生法上の安全配慮義務違反に問われる可能性があります。

＊3 結果としてインフルエンザに罹患していた場合は、労務の提供ができないために賃金の支払いはありませんが、休業日数によって健康保険の傷病手当金の対象になります。罹患していなかった場合は、会社命令で休むことになり、一日につき平均賃金の6割が休業補償として保障されます。

相談15

トランスジェンダーです。性自認と異なる性別の制服が苦痛です。

アドバイス

制服のない部署への異動も視野に入れ、会社に相談しましょう。

Keyword トランスジェンダー

「性自認」とは、身体の生物学的な性別にかかわらず、どの性別に自分が属している、あるいは属していないという自分の認識のことです。性自認と異なる服装を着るのは非常につらいでしょう。でも、勤務時の制服着用という服務規定があると、性自認と異なる服装を強制されることはままあります。まずは、会社に率直に相談してみるのが一番でしょう。制服を着ること自体に抵抗がないなら、性自認に合うほうを着用したいと交渉してみるべきです。一方の性別にのみ制服があるのであれば、その制服と釣り合いの取れた私服での就業を認めてほしいという交渉もあります。

そもそも、服装に関する自由は憲法第13条によって保障されている自己決定権と幸福追求権に含まれると考えることができます[*1]。誰もが持つ権利を、制服着用の強制によって制限するのですから、その範囲は「仕事をする上で必要な範囲」であるべきです。裁判でも、企業が労働者の服装に制限をかけられる範囲は、「企業の円滑な運営上、必要かつ合理的な範囲内にとどまるもの」と判断された例があります[*2]。つまり、**最低限、性自認に基づいた制服の着用は認められます**。もし、自分の性自認に一致する制服を着られないのであれば、私服勤務ができる部署に異動を願い出ることも現実的な選択肢になるでしょう。

話をしたらアウティングされそう、差別を受けそうだという懸念があれば、そのような会社からの転職をお勧めします。残念ながらトランスジェンダーに対する社会の理解はまだ十分にあるとはいえません。言いたくなければ言わなくてもよいのです。相談することも含め、その自由は当事者の側にあります。昨今はダイバーシティ&インクルージョンの観点から、制服も男女共用のデザインを採用したり、服務規律を見直す企業も増えています。こうした情報も収集しながら、自分に最もよい選択肢をとれるよう、日頃から会社と信頼関係を構築していくことが重要です。

＊1 日本国憲法第13条では個人の尊重、幸福追求の権利を保障し、「すべて国民は、個人として尊重される。生命、自由及び幸福追求に対する国民の権利については、公共の福祉に反しない限り、立法その他の国政の上で、最大の尊重を必要とする」と定めています。

＊2 東谷山家事件（福岡地判平九年十二月二五日判決）

トラック運転手の頭髪の色が服務規律に違反しているとして行われた解雇の正当性が争われた事件です。企業が服務規律によって労働者に一定の制約をかけることは認められた反面、その制限行為は無制限に許されるものではないとされました。

相談16

副業したいのですが、会社は認めないようです。

アドバイス

原則として、副業は認められるべきです。

Keyword 副業

昨今、副業や兼業を希望する労働者は増えています。民間会社が二〇二一年に行った調査[*1]によると、正社員の9・3%が現在副業していて、副業していない正社員の40・2%が副業を希望していると回答しています。また、企業側も副業を認める割合が増えており、全面的・条件付きで認める企業は半数を超えています。

副業・兼業に関する裁判例では、労働者が「労働時間以外の時間」をどのように利用するかは、基本的には労働者の自由であるとし、副業を容認する方向に向かっています。厚生労働省のガイドライン[*2]によると、企業が副業を制限できる場合として、次の四点があげられています。

① 副業することで長時間労働になるなど、仕事に支障がでる場合
② 会社の業務上の秘密が他の会社などに漏れる可能性がある場合
③ 同業他社に就業するなど、自社の利益が害される場合
④ 自社の名誉や信用を損なう行為や、信頼関係を破壊する行為がある場合

なお、先の調査では企業が副業を認めている理由として、「従業員の収入補填のため」「禁止するべきものではないので」「個人の自由なので」が一位から三位に並んでいます。特に「禁止するべきものではない」という理由は、二〇一八年の前回調査に比べ5・6ポイント増加しました。**政府も副業や兼業の促進に舵を切っている**ため、このトレンドは続くものと思われます。希望する副業の方法や内容を一旦整理し、会社に相談してみるとよいでしょう。そのうえで、異業種で働く、フリーランスで働く、などの複数の選択肢に目を向けることをお勧めします。

＊1　パーソル総合研究所「第二回　副業の実態・意識に関する定量調査」
＊2　厚生労働省「副業・兼業の促進に関するガイドライン」

相談 17

会社に内緒で副業を始めたらしい同僚。バレないんでしょうか？

アドバイス

住民税が変動すればバレます。

副業が発覚するいちばん多いタイミングは、五月から六月頃です。理由は住民税の通知書がこの時期に届くからです。

「住民税」は、所得割と均等割で構成されています。所得割の部分は、前年所得に応じて計算されます。前年所得とは、年末調整や確定申告で決定された額です。副業で得た収入が20万円を超えると確定申告が必要になりますが、住民税は「年末調整で会社から申告されている所得」と「確定申告で申告された所得」との双方から徴収額を決定します。一般的に、会社員は給与天引きで住民税を納め、会社がまとめて納付するので、**住民税の金額は会社も知ることができる**のです。なお、住民税についての通知は、会社から労働

Keyword 副業

者に渡すことになっています。

もちろん、副業をしていなくても住民税が変動することはあります。例えば、資産の贈与があったり、配当収入があるなどによって所得自体が増えた場合、また住宅ローン控除が終わるなど控除を受けられる範囲が少なくなった場合は住民税額が変動します。しかし、そうした事情を会社に知らせず、あまりに前年度と差があれば、副業を疑われるでしょう。

また、日々の勤務に支障が出て副業を疑われることもあります。遅刻や欠勤、勤務中のミスが増えると、会社としても副業の可能性を考え出します。副業自体に対する懲戒ではなくても、勤務態度に対する懲戒が行われる可能性はありそうです。

二〇二〇年、労働者災害補償保険法（労災法）の改正によって、副業先でも労災保険に加入していれば、労災の給付対象になるような「ケガや休業」があった場合に、双方の賃金額を合算して給付額を算定するようになりました。*1 つまり、労災事故が起こると、副業が発覚する構造になったのです。隠して副業すると思わぬところからバレてしまうので注意しましょう。

*1 厚生労働省「労働者災害補償保険法の改正について〜複数の会社等で働かれている方への保険給付が変わります〜」

相談
18

お給料が低すぎるので、高時給のホステスとして働こうかと悩んでます。

アドバイス

副業はできますが、もともとの働き方も見直してみましょう。

Keyword 副業

物価上昇が著しい時期に給与額が据え置かれたり、あまりに低い額になると生活できなくなってしまいますよね。厚生労働省の資料[*1]によると、副業をしている人口の約3分の2は、本業の年間所得が299万円以下の階層です。つまり、副業をしたい人の多くは、経済的理由があるのでしょう。相談者のように、少しでも高い報酬を得たいと思うのは自然なことです。

民間企業の調査[*2]によると、20代の平均年収は341万円。額面で月額約28万円、手取りでは22万円程度です。総務省の調査[*3]では、家賃の平均は約5万5千円。都内や都市部ではさらに金額が上がるので、地域によっては家賃を払うと、手元に残るのは14万円ほどの場合もあります。これは平均の数字なので、より厳しい状況にある人も実際は多いと思われます。

この差をダブルワークで埋めたいと考えるのは当然ですが、日中の副業と比べ、夜の仕事は飲酒による健康リスクが高まります。体を壊しては元も子もないので、その点は十分に考慮しましょう。また、他の副業と同様に長時間労働になるリスクもあるので、副業は無理のないシフトでスタートしてください。

ただし、**あまりに本業での給与額が少ないのであれば、自分の時給が最低賃金[*4]を割っていないか確認**しましょう。給与の中身は基本給や各種手当で構成されることが多いですが、通勤手当、精勤手当（皆勤手当）、扶養手当（家族手当）などは最低賃金の対象になりません。これらを抜いた「支給額」を「実際の労働時間」で割ってみて、住んでいる地域の最低賃金より多いかを確かめてみてください。最低賃金に満たない金額で支給されている場合、最低賃金法違反で企業に50万円以下の罰金が科せられます。まずはその旨を会社に伝え、改善されないときは労働基準監督署に相談するなど、本業の収入の是正をすることから始めましょう。

*1 厚生労働省労働基準局「副業・兼業の現状」

*2 パーソルキャリア株式会社「平均年収ランキング（平均年収／生涯賃金）【最新版】」

*3 総務省統計局「平成三十年住宅・土地統計調査」

*4 厚生労働省「最低賃金の対象となる賃金」
最低賃金未満の賃金しか支払われていない場合には、最低賃金額との差額を支払うよう求めることができます。

コラム

奥深き就業規則の世界

私は社会保険労務士という仕事柄、いろいろな会社の就業規則を拝見します。そうしたときに感じるのは、就業規則にその会社の個性が表れているということです。雇用促進や職場改善などの助成金が加わる場合、就業規則に新しい規定を追加することが一般的ですが、そのときにあわせて確認するのは次の二点です。

① かつて合法であったが、法改正によって現在は違法に変わった部分
② 新設の法律により規定しなくてはならないが、まだ未策定な部分

①や②についてまめに対応している会社は、部署でしっかりと管理している、もしくは専任の担当者がいるんだなとわかります。

また、読んでいておもしろいのは服務規定と懲戒規定です。「居眠りを

一〇分以上しない」「冷蔵庫の中の食品は賞味期限をよく確認して食べる」という規定を実際に見たことがあります。一〇分なら居眠りも認められるのかな？　と思ったり、賞味期限切れの食品で腹痛を起こした社員がいたのかな（もしかして労災？）なども想像されます。

このように会社独自の考え方や働くうえでの事情が就業規則に表れるので、モデル就業規則をそのまま使う会社に比べて、そこには「人格」のようなものさえ感じられるのです。でも、意外と就業規則を隈なく読み込んでいる人は少ないようです。おもしろい記載を見つけてその会社の人にお話しすると、「そんな規定ありましたか？」と驚かれることもあります。就業規則には会社の歴史が反映されていることもありますので、一度は熟読してみるといいでしょう。

第2章

労働時間と休暇

退勤後も上司からLINEで業務指示！リラックスできません。

アドバイス

会社の指揮命令下で仕事をすれば「労働時間」です。

Keyword 勤務時間

産業能率大学の調査[*1]では「上司への報告や連絡手段として最も使いやすいのはどれか」という問いに対し、新入社員の24・7％がメール、19・5％がLINEと答え、電話の10・4パーセントを上回りました。このように、仕事でもLINEなどのメッセンジャーアプリを使うことは一般的になりつつあります。

こうしたツールはとても便利ですが、反面、いつでもどこでも連絡が付く状態をつくりだします。上司から仕事の指示が飛んでくると、休んだ気がしないでしょう。

業務指示として対応を求められたら、それは労働時間と考えられます。退

*1 学校法人産業能率大学総合研究所「二〇二〇年度 新入社員の会社生活調査（第三十一回）」

勤務後の残業時間として上司に申告しましょう。もし上司が残業として認めないのであれば、勤務時間後の通知は対応しなくても問題ありません。どうしても緊急対応をしてほしいという事情があるときは、緊急時は電話で依頼するなどのルール作りをしたほうがいいでしょう。厚生労働省のガイドライン[*2]でも、労働者が時間外の連絡に対応しないことを理由に、不利益な人事評価を行うことは不適切だとしています。

昨今、世界中で定着しつつある考え方に「つながらない権利[*3]」というものがあります。これは、勤務時間外や休日に仕事のメールや電話への対応を拒否する権利のことです。しかし、二〇二一年の民間調査[*4]では、就業時間外での業務に関する緊急性がない連絡に対して、「連絡があったら対応する」とした人は64・9%に達しました。こうした人は「気になることは早く終わらせたい」(68・4%)傾向があることもわかっています。このような性格の人がリラックスできる時間を確保するには、仕事で使うツールやアカウントを限定するのがよさそうです。あらゆる連絡を常に見ない、見られない環境をつくるといいでしょう。

*2　厚生労働省「テレワークの適切な導入及び実施の推進のためのガイドライン」では、上記の相談のような事態を避けるために「役職者、上司、同僚、部下等から時間外等にメールを送付することの自粛を命ずること等が有効」としています。

*3　フランスで二〇一七年に改正施行された労働法で取りいれられた権利で、世界的に注目されています。日本でも大手企業を中心にこの考え方を取り入れた社内ルールを整備・導入するなどの動きがあります。

*4　株式会社NTTデータ経営研究所「働き方改革二〇二一withコロナ」

相談 2

仕事中にスマホを見てばかりの同僚。新人への悪影響が心配です。

アドバイス

勤務時間内のスマホの私的利用は、原則として認められません。

Keyword スマホ使用

多くの企業では、服務規律や情報漏洩リスク防止の観点から、勤務時間中のスマホの私的利用を原則禁止としています。特に会社が貸与しているスマホは会社として守るべき情報にも多くアクセスできるため、利用範囲を限定していることもあります。就業規則に規定があれば、スマホの私的利用について懲戒処分をすることも可能です。

労働契約を結んだ段階で、労働者は会社に対して、職務専念義務を負うとされます。これは**仕事の時間内は仕事に集中する**という意味で、その対価として給与の支払いが行われます。ですから、スマホばかり見ているのは問題があると言えます。

仕事上の必要があってスマホを操作しているとしても、第三者からは何のために触っているのかがわかりません。したがって、基本的には私的利用は控えたほうがいいでしょう。実際に、トイレで一日二〇分程度のスマホゲームをしていた職員が戒告処分を受けた例[*1]もあります。

でも、家族や子どもに関する緊急の連絡が入ったり、こちらから家族へ連絡しなければならないことも十分想定できます。緊急やむを得ないスマホの利用は一定の範囲内で許されるべきだと思います。例えば、会社のパソコンを利用して業務中に私用メールを送る行為について、常識的に許される範囲であれば認められるべきだとした裁判例[*2]もあります。

スマホは高度な情報機器なので、本人が意図せずとも情報漏洩が行われたり、うっかり誤送信をする可能性もあります。勤務時間中はスマホをカバンから出さない・持ち込まないなどのルール作りや、勤務中の私用スマホは特定の場所でのみ認めるといった工夫によって、コンプライアンス意識の向上を見込めるといいですね。

＊1　埼玉県の飯能市で二〇一五年に行われた処分です。処分を受けた職員は一年にわたり一日三〜五回、一回五分程度スマホゲームをしていました。公務員には地方公務員法で職務専念義務が定められており、その違反として懲戒処分を科された例です。

＊2　グレイワールドワイド事件（東京地判平成十五年九月二二日）
会社のパソコンを使った私用メールの送信が職務専念義務に違反するか否かが争われた事件です。判決では、労働者といえども個人として社会生活を送っている以上、就業時間中に外部と連絡を取ることが一切許されないわけではないとされ、業務に支障をきたさない程度の私用メールは許容されると判断されました。

相談3

上司が変わったら出勤シフトが減らされ、お給料も減ってしまいました。

アドバイス

合意のない労働契約の変更は違法です。

一方的に会社からシフトを減らされることをシフトカットといいます。アルバイトなどのシフト単位で働く労働者には、生活に直結する大きな問題です。雇い入れの段階でも明確なシフト日数を決めず、月におおよそ〇日出勤として、日数を固定することもよくあります。

このような場合は、シフト表を記録として残しておくことが大事です。写真でもいいので、実際に提示されたシフトを記録しておきましょう。

労働契約法[*1]では、労働者と会社がお互いに了承すれば労働契約を変更できるとしています。明確なシフト日数が決まっている場合はもとより、過去の実績からシフト日数が契約内容といえるような場合の合意のないシフトカッ

Keyword　勤務時間

トは違法といえますし、シフトが減っていることについての説明を求めることができます。

もし会社から納得できる理由が提示されれば、その理由をどう受け入れるかは当事者次第です。例えば理由は経営不振で、実際に自分以外のすべての労働者のシフトも減っていれば、一定の合理性はあります。しかし、その合理性を許容するかを判断する権利は、労働者側にあります。まずは、**どんな理由があってシフトカットが行われているのかを確認**しましょう。

また労働基準法は[*2]、会社が労働者へ「労働条件通知書」を交付することを義務づけていて、記載の労働条件と異なるときは、労働者が契約を解除できます。契約書にシフト日数の記載がある場合は、シフトの増減記録がなくても説明を求めることができます。

こうしたシフトカットは、嫌がらせを目的として行われることもあります。そうした場合はパワハラも疑われますので、どうしてそのような状況に至っているのかを確認していくことが重要です。

＊1　労働契約法第8条「労働者及び使用者は、その合意により、労働契約の内容である労働条件を変更することができる」

＊2　労働基準法第15条

「①使用者は、労働契約の締結に際し、労働者に対して賃金、労働時間その他の労働条件を明示しなければならない。この場合において、賃金及び労働時間に関する事項その他の厚生労働省令で定める事項については、厚生労働省令で定める方法により明示しなければならない。

②前項の規定によって明示された労働条件が事実と相違する場合においては、労働者は、即時に労働契約を解除することができる」

相談
4

取引先の運動会に呼ばれました。休日なので断りたいのですが……。

アドバイス

業務命令でなければ、断っても大丈夫です。

取引先の運動会に参加すると、休日がまる一日つぶれてしまうこともあるので、できれば断りたいという人は多いと思います。

運動会に限らずゴルフコンペ[*1]や懇親会なども、個人的なお誘いにとどまり仕事として行く必要がなければ、参加しなくても大丈夫です。もちろん参加したほうがよい関係性がつくれたり、より親密になれたりといったメリットもありますので、自主的に参加するのはまったく問題ありません。でも、その場合は休日出勤扱いにはなりません。

もし、参加が事実上強制されたり、不参加によって不利益を与える場合は、業務命令とみなされる可能性があります。取引先の誘いを断った社員が

Keyword 休日出勤

昇進昇格できなかったり、「歴代の担当者は必ず参加していた」などの圧力をかける発言があった場合は、業務命令なのかを必ず確認しましょう。業務命令であれば、休日出勤扱いになり、割増賃金の対象になります。

他社から誘いがあったときは、まずは自分の会社に報告し、判断を仰ぐのがいいですね。自由意思に委ねられた場合は、自己判断で決めて問題ありません。取引先との関係性強化など、明らかに仕事との関連性があれば、業務命令として参加することになります。そのときは必要な経費（参加費など）をどう扱うかも確認しましょう。

また、運動会の設営や運営を担うスタッフとして参加を求められたならば、業務とされ、休日出勤として扱われます。とはいえ、**自社の方針によって参加判断をすべき**ですので、必ず上司と対応を相談しましょう。

＊1　高崎労基署長事件（前橋地判昭和五十年六月二四日）

接待ゴルフに参加中のケガが業務災害に当たるかが争われた事件です。ゴルフコンペへの参加について会社から費用が出ていたとしても、事業運営上緊要なものと認められ、かつ事業主の積極的特命によってなされたと認められるものでなければ業務災害には当たらないとされました。

相談 5

フルタイム勤務です。休日出勤を断ったら、懲戒になりました！

アドバイス

二つの条件が揃っていれば、休日出勤の拒否は懲戒処分になる場合があります。

Keyword 休日出勤

企業が自社スタッフに休日出勤を命じるときは、二つの条件が揃う必要があります。なお、週四〇時間未満の所定労働時間で働く労働者については、その時間までは次の条件がなくても時間外・休日労働を命じることができます。

① 就業規則に、「休日出勤を命じることがある」という規定がある。
② きちんと手続きを踏んで結ばれた三六協定[*1]がある。

逆を言えば、フルタイムで勤務しているのにこれらの条件が揃っていないときは休日労働を拒否できます。休日労働をしたくない場合は、まず自分の会社がこの条件を満たしているかを確認してください。もし、①と②の両条件を満たしているのであれば、原則として休日労働は断れません。

そもそも企業に勤めるとは、「労働力を提供し、報酬を得る」という契約を結ぶことになります。ですので、企業は自社スタッフに対して、契約の範囲内で仕事上の指揮命令をすることができます。この命令を**正当な理由なく拒否することは契約違反**にあたってしまい、懲戒対象になりえます。

また、懲戒処分を行うには、就業規則に「懲戒の理由」と「どのような処分があるか」について規定されている必要があります。規定があるからといって、懲戒処分が常に有効になるわけではなく、常識的に考えて重すぎる懲戒は無効とされます。例えば、デートを理由に休日出勤を一回断った程度なら、口頭での注意や始末書を書かせるなどの軽微な処分が妥当です。ただし、たびたび休日出勤を拒否すれば、徐々に重い処分になってもいたしかたないでしょう。とはいえ、子育てや介護などの事情で休日出勤が難しいときは、事前に上司に相談しましょう。休日出勤の免除やスケジュールを配慮してくれる可能性があります。

＊1　三六協定は正式名称を「時間外労働・休日労働に関する協定」といいます。労働基準法第36条に規定があることから、この通称で広く知られています。この協定は労働者の過半数を代表する者と会社が締結するもので、時間外労働や休日労働をさせる理由や対象となる職種などを定めています。この協定は労働基準監督署に届け出てはじめて効力が発生します。就業規則と同様に周知義務があるので、労働者が見たいと思ったらすぐ確認できるようにしておかなければなりません。

相談 6

休日出勤したのに割増なし。これって違法になりませんか？

アドバイス

週四〇時間を超えての労働または法定休日出勤は割増の対象です。

Keyword 休日出勤

休日出勤したのに割増賃金の額が合わない場合、理由としては二つ考えられます。

一つは割増賃金の割増率が違うケースです。**労働基準法では、休日には「法定休日」と「所定休日」という二つの区分**があります。法定休日は毎週一日、または四週を通じて四日与えることが義務づけられていて、この日に労働すると35％の休日割増がつきます。

所定休日はそれ以外に会社が付与する休日です。例えば、完全週休二日制の会社の場合、どちらか一日が法定休日、それ以外が所定休日になっていると考えられます。所定休日は週四〇時間の法定労働時間を超えたところから

25%の時間外割増がつきます。
法定・所定休日の区別は、就業規則や雇用条件通知書に記載があることが望ましいのですが、定めなくても違法ではありません。しかし、土日休みの会社でどちらも休日出勤をした場合は、土曜が法定休日、日曜が所定休日として扱われることとされています。[*1]
二つめは休日出勤した分を含めても週の労働時間が四〇時間に満たないため、休日労働に対する賃金として、通常の給与を時給換算した額が支給されているケースです。
このように、休日に働いても割増がつかないことはありえるのですが[*2]、週四〇時間を超えて働いていたり、法定休日に働いたのに何の割増もないのは明らかに労働基準法違反です。割増賃金の不支給は六カ月以下の懲役または30万円の罰金になりますので、会社に確認し、それでも解決しないときは労働基準監督署などの外部機関を頼ることも考えましょう。その際には、出勤実績を自分でも記録するなど、証拠集めを進めておくことが大切です。

＊1　厚生労働省行政通達「改正労働基準法における質疑応答」(平成二一年十月五日)A五「法定休日が特定されていない場合で、暦週（日～土）の日曜日及び土曜日の両方に労働した場合には、当該暦週において後順に位置する土曜日における労働が法定休日労働となる」

＊2　休日をあらかじめ他の日に振り替える「振替休日」が与えられている場合も、もとの休日に働いた場合の賃金に休日の割増はつきません。

相談7

繁忙期でも協力してくれず、絶対に残業しない先輩社員がいます。

アドバイス

必要な要件を満たした残業命令は、原則として断れません。

Keyword　残業

会社が労働者に一日八時間、週四〇時間を超えて残業を命じるためには①と②の要件が満たされ、かつ、残業をする必要性がある場合です。この二つがあれば、労働者は原則として残業命令を拒否できません。[*1]

① 適法な三六協定を結んで、労働基準監督署に届け出ていること。
② 就業規則に残業の根拠となる規定があること。

①は**一日八時間・一週四〇時間以上の労働をさせる場合に必ず届出が必要な「労使協定」**です。労使協定とは「会社」と「労働組合または労働者側の代

＊1　一日八時間未満、週四〇時間未満の場合も、労働者は

表者」が書面で交わす約束です。この協定がなければ、会社は一日八時間、週四〇時間を超えての時間外労働や法定休日労働を業務命令できません。また、この協定は自動更新できず、毎年必ず届け出る必要があります。この協定がそもそも結ばれていなかったり、期限が切れていた場合、残業をさせれば会社には六カ月以下の懲役又は30万円以下の罰金が科されます。

②は就業規則上に残業を命じるという記載があることです。労働者数が十人未満の小さな会社は就業規則がないこともありますが[*2]、個別の雇用契約書・労働条件通知書に残業があると明示されていれば、業務命令に従う必要があります[*3]。

二つの条件が揃っていて、正当な理由なく残業を拒んでいる場合は、懲戒処分の対象にすることができます。口頭や書面での注意にもかかわらず改善されないときは、始末書を書かせるなど段階的に重い処分も可能です。

まずは上司に現状を報告し、先輩社員が育児や介護のような、残業を断る正当な理由があるかを確認することから始めてみましょう。

残業の命令を拒めません。

＊2 就業規則は常時十人以上の労働者を使用する事業場で作成・届出の義務があります。この「十人」にはパートやアルバイト、有期契約などすべての労働者が含まれます。

＊3 「雇用契約書」は労働契約を結ぶときに取り交わす契約書で、「労働条件通知書」は労働条件を記載して会社が労働者に交付する書類です。労働条件通知書は必ず交付が必要です（雇用契約書が実質的に労働条件通知書を兼ねている場合もあります）。労働条件通知書は絶対に書かなければならない事項、取り決めがあるのなら書かなければならない事項が決められていて、残業の有無は前者に含まれます。

相談 8

商品開発部で働く同僚。仕事が好きすぎて連日徹夜だそうです。

アドバイス

企業には労働時間の管理と健康を守る義務があります。

Keyword 残業

仕事が楽しいからといって徹夜を続けると健康リスクが高まります。厚生労働省の健康情報サイトでは、「慢性的な寝不足状態にある人は糖尿病や心筋梗塞や狭心症などの冠動脈疾患といった生活習慣病に罹りやすい」と言及されており[*1]、最悪は死に至ることもあります。徹夜にわたるような仕事をさせていたとすれば会社の責任は免れることはできず、社会的非難をあびることになるでしょう。

企業には、労働者の健康を守る義務があります。その根拠は、労働安全衛生法および労働契約法における安全配慮義務です[*2・*3]。企業は自社の労働者がどんな働き方をしているか、過重労働になっていないか、労働時間は適切であ

＊1　厚生労働省　生活習慣病予防のための健康情報サイト「睡眠と生活習慣病との深い関係」

＊2　労働安全衛生法第3条第1項「事業者は、単にこの法律で定める労働災害の防止のための最低基準を守るだけでなく、快適な職場環境の実現

るかといった**健康への配慮を行う必要がある**のです。事実、判例でも企業の安全配慮義務の範囲について、労働者の健康に配慮して労働者の従事する作業を適切に管理するように努めることは当然として、労働災害につながるような危険が発生するのを防止することも含まれるとしています。*4

　こうしたことを考えると、同僚の勤務態度を許容している会社にも責任があるといえます。前述の裁判では、過労死をした社員の疲労を上司は認識しており、休みを取るように伝えていましたが、業務調整はしていませんでした。実質的に負担を軽くする対応をしていなかった点も、企業責任が免れないとされた原因の一つです。

　徹夜で仕事にのめり込めるほどやりがいを感じながら働く社員は、企業にとって宝物のような存在です。同僚を守るためにも、しっかりと休ませ、休息できるような体制が必要です。もし会社が黙認している場合は、内部通報制度を利用したり、外部の相談機関を活用することも一案です。

と労働条件の改善を通じて職場における労働者の安全と健康を確保するようにしなければならない」

＊3 労働契約法第5条「使用者は、労働契約に伴い、労働者がその生命、身体等の安全を確保しつつ労働することができるよう、必要な配慮をするものとする」

＊4 電通事件（最高裁第二小法廷判平成十二年三月二四日）

　過労死自殺をした社員に対し、会社の安全配慮義務について責任を問うた最初の裁判といわれています。判決では、雇用する労働者の業務管理、業務遂行に伴う過労や心理的な負荷についても企業側に責任を負わせることを明示しています。

育休が終わって復職したら時短勤務に。フルタイムのつもりだったのに……。

アドバイス

本人が希望しない時短勤務は、違法です。

Keyword 時短勤務

日本の育児休業制度は世界でもトップクラスの手厚さを誇りますが、そのうちの一つに育児中の労働者のための時短制度（短時間勤務制度）があります。これは3歳未満の子どもを育てている人が使えるもので、育児・介護休業法に規定されています。*1

でも、これはあくまでも「希望した場合」という条件が付いており、希望しない人にまで当然に適用されるものではありません。にもかかわらず、復職すると自動的に時短勤務になる会社の話をよく耳にします。良かれと思って適用しているのだとしても、本人の意向とは無関係に運用することはこの規定の趣旨に反します。

*1 育児・介護休業法第23条第1項「事業主は、その雇用する労働者のうち、その3歳に満たない子を養育する労働

フルタイム労働者に対し、**本人が希望しないのに時短での就労を命じるのは労働契約に反します**。また、一般に時短勤務では、労働時間が少ないために給与が減額されたり、手当がなくなることもあります。その意味でも復帰後の働き方は本人の意向が尊重されるべきです。

また、時短勤務は「マミートラック」とも関係が深いと指摘されています。マミートラックとは、母親となった女性が産休・育休から復職後、自分の意思とは無関係に職務内容や勤務時間が変わったり、その結果、社内における出世コースから外れていったりすることです。一度マミートラックに入ってしまうと抜け出すことは難しく、女性労働者のキャリア形成上大きな課題となっています。*2

時短勤務は子育てと仕事の両立のための便利な制度ですが、すべての育児休業取得者が望むという考えはアンコンシャス・バイアス（無意識の偏見）の表れです。会社は育児休業に入るときだけでなく、復帰前面談などで本人の意向を確認することが重要です。労働者本人も、事前に会社に希望を伝えましょう。

者であって育児休業をしていないものに関して、厚生労働省令で定めるところにより、労働者の申出に基づき所定労働時間を短縮することにより当該労働者が就業しつつ当該子を養育することを容易にするための措置を講じなければならない」

*2 公益財団法人二一世紀職業財団「子どものいるミレニアル世代夫婦のキャリア意識に関する調査研究（二〇二二年）」では、マミートラックから脱出できた理由として「定時退社だけでなく、必要な時には残業する」30・1%、「時短をやめてフルタイムで働くようにした」25・2%という回答があります。労働時間を延ばすことでマミートラックを脱出している女性がいることを示唆しています。

相談 10

新卒で入った会社は有休制度がないらしい。そんなことあるの？

アドバイス

有休は、労働基準法で定められた労働者の権利です。

Keyword 有休

有休、つまり「年次有給休暇[*1]」は、労働基準法によって定められた権利です。雇い入れの日から半年以上働いた労働者に対して、お金の心配をしないで心と体を休めてもらうことを目的として導入されました。

相談者の企業は、有休を取らせないために「有休制度がない」というのかもしれませんが、これは労働基準法違反です。六カ月以下の懲役と、30万円以下の罰金刑に該当します。また、労働者一人に対して一つの法違反と数えますので、スタッフが百名の会社であれば、最高額で3千万円の罰金刑になる重大な違反になります。

有休は、原則として次の二つの条件をどちらも満たした人に与えられます。これはパートタイムやアルバイトなど、非正規の労働者でも共通です。

①その会社で仕事を始めた日から六カ月が経過していること。

②①の期間について、8割以上を出勤していること。

労働基準法の改正[*2]により、二〇一九年四月以降に変わったことがあります。企業は、有休が年間十日以上与えられる自社の労働者について、**年間五日以上の有休を「必ず取らせる」**ことになったのです。そのため、企業側が休みを指定する「計画的付与制度」を導入するケースも増えています。有休を「与える」だけでなく、「取らせる」仕組みづくりが進んでいます。

もし有休を取らせてもらえない場合は、「いつなら取れますか？」と時期（時季）を確認しましょう。具体的に確認することで、会社に有休制度について考えさせ、逃げ道を断つことができます。それでも有休が取れないときは、労働基準監督署や労働組合（ユニオン）に相談しましょう。有休取得を断られた事実があれば、日報に書いたり上司にメールで相談するなど、文書として記録に残しておいてください。

＊1　年次有給休暇は労働基準法第39条1項に記載があります。
「使用者は、その雇入れの日から起算して六箇月間継続勤務し全労働日の8割以上出勤した労働者に対して、継続し、又は分割した十労働日の有給休暇を与えなければならない」

＊2　この改正は「働き方改革を推進するための関係法律の整備に関する法律」の制定に伴うものです。この法律は働く人それぞれの事情に応じて多様な働き方を選択できる社会の実現を目的にしています。有休の年間五日の付与を企業に義務づける以外にも、事実上規制のなかった残業時間の上限に規制を設けるなど、革新的な動きがありました。

相談11

有休を申請したら「忙しいからダメ」と言われました！

アドバイス

有給休暇の時期は、会社によって変更される可能性があります。

Keyword 有休

有給休暇の取得は労働者の当然の権利ですので、基本的には会社は拒むことができません。でも、「事業の正常な運営を妨げる場合」は、会社が取得日の変更を求めることができます。意外と知られていませんが、これを「時季指定権」[*1]といい、会社に対して配慮した仕組みになっています。

例えば、業務の繁忙期で明らかに人手が要る場合や、直前で申請された場合に代わりのスタッフの手配ができないときは、右の要件に当てはまる可能性が高いでしょう。また、連続して長期に申請した場合や、同じ日に申請しているスタッフがいる場合も、会社の規模や仕事の内容によって合理的とみなされる場合があります。

ただし、申請のたびに毎回「忙しいからその日はダメ」と言われてしまっては、実質的に取れるタイミングがないということになりますよね。慢性的な人手不足の会社はこのような回答をするかもしれませんが、これは合理的判断とみなされず、時季指定権の濫用として労働基準法違反に問われます。また、会社が指定した時期が産休に入った後や、退職日の後など労働義務がそもそもないようなタイミングであれば、これも労働基準法違反にあたります。この場合、使用者（労働基準法における事業主や経営者等のこと）には六カ月以下の懲役または30万円以下の罰金が科せられます。

有給休暇を取得したいときは、希望の日付がわかったタイミングで、まずは申し出ましょう。事前に申請を受けている場合は、会社としても**その日に取得させるために最大限の配慮**をすることが求められています。例えば、事前に取得申請を受けていたにもかかわらず、会社が直前に変更を求め、それに従わずに休んだ社員を懲戒したという裁判例[*2]もあります。これは会社に非があるとして、社員の訴えが通りました。このように、繁忙期であっても事前に伝えておけば会社はその時季に取得できるように配慮をする必要があるのです。

*1 労働基準法第39条第5項に「使用者は、前各項の規定による有給休暇を労働者の請求する時季に与えなければならない。ただし、請求された時季に有給休暇を与えることが事業の正常な運営を妨げる場合においては、他の時季にこれを与えることができる」と定められています。

*2 高知郵便局事件（最高二小昭和五八年九月三十日判決）
　年頭に申請して認められていた有休の取得日を、業務繁忙を理由に使用者が取得二日前に変更し、それに従わず欠勤した社員に対して戒告処分を行いました。これを不服として社員が訴えたところ、「不当に遅延した時季変更権の行使は許されない」と社員の主張が通りました。

相談 12

転職先は週休二日制だそうです。完全週休二日制と何か違いますか？

アドバイス

週休二日制は「一カ月に一回以上、休日が二日ある週がある」という意味です。

Keyword 週休二日制

求人票を見ていると「週休二日制」や「完全週休二日制」などの記載があります。これらは法律上根拠のある用語ではありませんが、一般的には次のような休日の与え方を指しています。

- 週休二日制＝一カ月に一回以上、週に二日以上休日のある週がある。
- 完全週休二日制＝毎週必ず、二日以上休日がある。

労働基準法では、企業は労働者に**毎週一回以上、または四週間を通じ四日以上の休日を与える**ことを義務づけています。ですから週休二日制でも法律上は問題ありませんが、完全週休二日制だと思って週休二日制の会社に就職してしまうと、想定と違うことに戸惑うかもしれません。

なお、週休二日制と完全週休二日制は、どちらの制度でも曜日が固定されているとは限りません。また、連休であるとも限りません。例えば、不動産業界は慣例的に水曜日を休日としていることが多く、完全週休二日の場合はもう一日の休日を労働者からのシフト申告制にすることも多いようです。また、完全週休二日制を採用しているからといって、祝日が休みであるとは限りません。

最近は大手メーカーを中心に、週休三日制を採用する企業も増えてきました[*1]。それに伴い、耳慣れない用語が求人票に出てくるケースも増えています。誤解をしたまま就職しないよう、疑問に思うことがあれば入社前に必ず面接官等に確認しましょう。

＊1　内閣府「経済財政運営と改革の基本方針二〇二二」に、多様な働き方の推進策として、選択的週休三日制度が登場しています。現在、日本で運用されている週休三日制は、①給与維持型、②給与減額型、③給与維持＋労働増加型の三パターンがあります。どのパターンで導入されるかによって働き方が大きく変わるため、自社で導入する場合は社内で十分に検討が必要です。

相談
13

契約社員だと有休がもらえないんですか？

アドバイス

契約社員でも、半年以上同じ会社で働いていれば年次有給休暇はあります。

「有休（年次有給休暇）」は法律上もらうことができる権利で、働くときの身分によって変更されることはありません。77ページにもあるように、六カ月以上同じ会社で働き、かつ、その期間に2割を超えて欠勤していなければ、**アルバイトもパートも契約社員も、有休の権利は発生**します。

ただし、有休の日数は正社員と同一ではないこともあります。フルタイムの契約社員は、正社員と同じ日数で有休の権利が発生します。一方、一週間の所定労働時間が三〇時間未満、かつ、週四日未満で契約している人は、与えられる有休日数は少なくなります。これを「比例付与」といい、最も少ない人は、週一回の出勤で年間一日の有休の権利を得ることができます。比例

Keyword　有休

付与の対象者でも、年間十日以上の有休が発生する場合は、会社は年五日以上の有休を取らせなければなりません。

比例付与の対象者で、年間十日以上の有休がもらえるのは次の場合です。

①一週間に四日以下（年間の所定労働日数が二一六日以下）で契約しており、三年六カ月以上在籍している。

②一週間に三日以下（年間の所定労働日数が一六八日以下）で契約しており、五年六カ月以上在籍している。

実は、「契約社員」という言葉は法律上定義されたものではありません。企業ごとに定義は異なります。有期契約や常用雇用でも、短時間勤務であったり、出勤日数が正社員より少ない場合に使われることが多いようです。有休の有無が心配であれば、自社における契約社員の定義を確認してみましょう。正社員と同じ有給休暇の対象か、比例付与の対象かによって、自分の有休日数を把握できます。そのうえで、有休を取りたい日を指定して会社に申し入れてみましょう。

参考

年次有給休暇の付与日数

労働基準法第39条では、「業種、業態にかかわらず、また、正社員、パートタイム労働者などの区分なく、一定の要件を満たしたすべての労働者に対して、年次有給休暇を与えなければならない」としています。

年次有給休暇の付与日数

① 通常の労働者の付与日数

継続勤務年数（年）	0.5	1.5	2.5	3.5	4.5	5.5	6.5以上
付与日数（日）	10	11	12	14	16	18	20

② 週所定労働日数が4日以下かつ週所定労働時間が30時間未満の労働者の付与日数

	週所定労働日数	1年間の所定労働日数※	継続勤務年数（年）						
			0.5	1.5	2.5	3.5	4.5	5.5	6.5以上
付与日数（日）	4日	169～216日	7	8	9	10	12	13	15
	3日	121～168日	5	6	6	8	9	10	11
	2日	73～120日	3	4	4	5	6	6	7
	1日	48～72日	1	2	2	2	3	3	3

※週以外の期間によって労働日数が定められている場合

コラム

フレックスタイム制と働きやすさ

労働基準法では、労働時間の枠を「一日八時間、一週間四〇時間」と定めています。そして、この枠を変形させることができる制度が「変形労働時間制」です。

「変形労働時間制」は、月のなかで特定の週や曜日だけに利用されることが多い一カ月単位のものと、季節ごとに忙しさの変化が大きい場合に利用される一年単位のものがあります。また、小規模の飲食店などに限られますが、一週間単位の「非定型的変形労働時間制」というものや、働く時間の開始時刻・終了時刻を労働者に委ねる「フレックスタイム制」もあります。

フレックスタイム制はあらかじめ、働く時間の総量（総労働時間）を決めておくので、労働者一人一人の都合や生活スタイルに応じて出退勤時刻を自由に決定することができます。子育てや介護をしながら働く労働者や、自宅と勤務先が離れていて通勤時間が長い労働者にとっては、非常に便利な制度といえます。大企業ではフレックスタイム制を導入しているケースも多いようです。

フレックスタイム制は、二〇一九年の法改正で労働時間の清算期間の上限が一カ月から三カ月に伸びました。したがって、例えば六月に所定労働時間を十時間超えて働き、七月には所定労働時間分働いた場合、八月に労働者は六月の残業代にかえて所定労働時間を十時間分削ることができるようになりました。また、単月で週五〇時間を超えた場合はフレックスタイム制の枠とは別に時間外労働としてカウントされることになりました。これは特定の期間に過重労働にならないように定められたものです。

フレックスタイム制とは、労働者にとって制度面で働きやすい環境を整える方法の一つです。もちろんすべての職種で導入できる類のものではないのですが、時間に制約がある人が転職を考えるときは条件に加えておくと、柔軟に働ける可能性が高まるでしょう。

第3章

ケガ・病気

相談1

テレワーク中に立ち上がろうとして、転倒して足の指を捻挫。労災になりますか？

アドバイス

自宅でのケガも労災事故に該当する可能性があります。

Keyword テレワーク

テレワーク中のケガが労働災害として扱われるためには、「業務遂行性」と「業務起因性」という二つの条件が揃うことが必要です。

業務遂行性とは、労働者が会社の指揮命令のもとにあるという状況を指します。テレワークであっても仕事をしていることに変わりなく、すぐに会社と連絡が取れる状態であれば業務遂行性が認められます。業務起因性とは、仕事をしているという状況とケガとの間に因果関係が認められることを指します。仕事をしていれば当然ケガをすることが想定できる、というのが業務起因性のある状態といえます。

相談のケースは、自宅でテレワーク中だったということで業務遂行性が認められ、仕事中に離席することも十分考えられるので、それによる転倒は業務起因性があると判断されそうです。

こうした場合、実際に労災事故として手続きをとるには、**転んだときに仕事をしていたと主張できる証拠がある**かも重要です。厚生労働省のガイドライン[*1]でも、情報通信機器の使用状況などの客観的な記録、負傷したときの災害発生状況等について、会社や医療機関等が正確に把握できるよう労働者に周知しておくことを推奨しています。

なお、このガイドラインでは「私的行為等業務以外が原因であるものについては、業務上の災害とは認められない」としています。私的行為とは仕事とは無関係な行為です。例えば、テレワーク中に料理などの家事を行ったり、子どもの相手をするなどの行為は私的行為にあたります。この時間帯にケガをしても、労災災害としては認められないでしょう。また、労働時間として規定されている時間外では、会社の指揮命令下にあったかが焦点となりますので、業務時間外に仕事をするときはその旨を申告しておくことをお勧めします。

*1 厚生労働省「テレワークの適切な導入及び実施の推進のためのガイドライン」

相談 2

仕事後にスーパーで買い物をしての帰り道、交通事故に巻き込まれました。

アドバイス

スーパーからの帰宅中でも、労災として扱われます。

Keyword 勤務時間

労災（労災保険）は「業務災害」と「通勤災害」に分けられ、名前の通り、通勤災害は通勤によって労働者が負った傷病やケガを指します。

「通勤」の範囲は厳密に定められています。自宅と会社の往復、単身赴任先の住まいと自宅間の移動、仕事先から次の仕事先までの移動を、常識的な経路・方法で行うことが「通勤」です。なお、緊急呼び出しで休日に自宅から仕事へ向かうときは、業務の性質があるとされ、移動途中でケガをした場合は業務災害になります。

通勤が労災の対象になるためには、途中で寄り道したり、仕事と関係のない行為をしていないことが要件になります。帰り道に映画を観る、飲み会に

＊1　厚生労働省令で定める通勤の中断・逸脱の例外となる

参加するなどの仕事と関係のない行動（中断や逸脱）があると、その時点から労災の対象となる通勤には含まれなくなるのです。つまり、基本的にはまっすぐに通勤していないと労災対象の通勤ではなくなります。

しかし、これには五つの例外があります。**例外に含まれる範囲で、日常やむを得ない行為で最低限のもの**であれば、その後の移動も通勤として判断されます。[*1] 例外の中には「日用品の購入その他これに準ずる行為」が含まれており、スーパーでの買い物はこれにあたると考えられます。わざわざ遠いスーパーに行くのはさておき、近くのスーパーに、帰り道の途中で立ち寄る程度であれば、買い物後も通勤として認められる可能性が高いでしょう。

なお、通勤災害として労災給付を受ける場合、交通事故の加害者から受ける自賠責保険などの損害賠償の金額が調整されます。これは二重払い防止のために法律で定められていて、労災給付と損害賠償のどちらを先に受けても構いませんが、後に受けたほうが調整される仕組みになっています。

行為
①日用品の購入その他これに準ずる行為
②職業能力開発促進法第15条の6第3項に規定する公共職業能力開発施設において行われる職業訓練、学校教育法第1条に規定する学校において行われる教育その他これらに準ずる教育訓練であって職業能力の開発向上に資するものを受ける行為
③選挙権の行使その他これに準ずる行為
④病院又は診療所において診察又は治療を受けることその他これに準ずる行為
⑤要介護状態にある配偶者、子、父母、孫、祖父母および兄弟姉妹ならびに配偶者の父母の介護（継続的にまたは反復して行われるものに限る）

相談 3

部下が「パニック障害により自宅療養を」とした耳鼻咽喉科の診断書を提出してきました。

アドバイス

診断書に記載の期間を目安として、休職させるのがベターです。

メンタル不調の症状として、めまいやふらつき、耳鳴りなどの症状が出る人もいます。このような場合、耳鼻咽喉科を受診するのは自然なことで、精神疾患の診断書を耳鼻咽喉科の医師が発行するのも珍しくはありません。**精神科や心療内科でないと精神疾患の診断書が出せないわけではない**ので、症状が動悸や息切れとして出ているときは内科を受診し、内科医の診断書を持参してくることも考えられます。

部下から休職の申し出を受けたら、まずは会社の就業規則に休職規定の記載があるかを確認します。休職規定を設けるかは会社の任意のため、あったとしても在籍年数によって休職できるかの条件を定めていることもありま

Keyword 休職

す。そのうえで、提出された診断書に記載されている労務不能の期間を確認します。これが休職規定に定められた期間内に収まっているのであれば、期間いっぱい休職させるという対応をとることになるでしょう。

もし会社に休職規定がなければ、労務不能の期間を考慮し、解雇を含めて処遇を検討することになります。

これらの処遇の判断材料として、産業医に診察してもらうことや、耳鼻咽喉科ではなく精神科や心療内科の診断書の提出を求めることは可能です。専門医の所見を見て判断したいと伝えて対応してもらいましょう。診断書は有料になるため、業務命令として受診を求める場合は、会社が費用を負担すべきと考えます。

なお、仕事が原因ではない病気やケガを理由とする休職については、労働者側の理由による休職のため、会社の賃金支払い義務がありません。そのため、休職中は健康保険の傷病手当金の支給を受けることが一般的です。傷病手当金は一日につき、おおよそ給与額の一日分の3分の2が受け取れます[*1]。傷病手当金の申請には事業主が証明する欄もありますので、申請があった場合は速やかに対応しましょう。

＊1　傷病手当金の日額は原則として次の式で計算されます。[一番最初に給付の対象となる日以前の継続した十二月間の各月の標準報酬月額を平均した額]／30×3分の2

相談 4

マッチングサービスで受けた仕事中にケガをしてしまいました。

アドバイス

原則として、業務委託契約であれば労災対象になりません。

Keyword 業務委託契約

現在、日本にはフードデリバリーやスキルシェアなど、さまざまなマッチングサービスがあります。空いた時間で手軽に稼ぎたい人は、副業としてマッチングサービスを利用して働くことも増えてきています。

しかしながら、マッチングサービスの契約は、サービスの利用者と提供者で交わす「業務委託契約」であることがほとんどです。**業務委託契約は雇用契約とは異なり、サービス提供者は個人事業主**になります。この場合、仕事としてサービスを提供中に起こった事故やケガは、労災保険の対象になりません[*1]。また、自分がなんらかの加害者となった場合も、相手側の治療費や損害賠償などの責任は自分で負うことになります。

*1 一定の条件に該当する個人事業主は労災保険に特別に加入することができ、その場合は労災給付を受けることができます。

こうしたケースに備えて、マッチングサービスの提供企業は民間保険に加入していることがあります。個人向けのマッチングサービス保険の商品もありますので、利用するプラットフォームに保障があるかを調べてみましょう。

なお、タクシードライバーなど一定の個人事業主は、労災保険の特別加入という制度を利用することもできます。さらに、労災が使えない場合でも、自身の医療費については健康保険・国民健康保険を使うことができます。受けられる医療の範囲に違いはありませんが、労災での治療と異なり、窓口での自己負担額が3割（年齢・収入により1〜2割）発生します[*2]。もし労災であれば、病気やケガで働けない場合に一定の所得補償がありますが[*3]、そのような金銭的な補償は健康保険の傷病手当金で賄うことになります。マッチングサービスで業務委託をするときは、以上のようなリスクがあることも理解しておきましょう。しかし、業務委託契約といいながら、事実上の雇用契約に近い場合は労災保険の適用を受けられることもあります。働く時間を自分で決められない、仕事の掛け持ちができない、仕事を受けるかを自分で選べない、勤務場所が決まっているなどは、労働者性が高いと判断され、労災保険の対象になる可能性が高くなります。

*2　日本の医療保険制度は一般的な自己負担割合（一部負担金）を3割と定めており、小学校未就学までを2割負担としています。70歳から75歳までは所得額に応じて2割または3割、75歳以上の人は1割または3割の自己負担を求めています。

*3　労災保険における休業補償給付です。休業補償給付では原則として給付基礎日額の8割が支払われます。給付基礎日額は平均賃金と原則として同額になります。平均賃金は事故発生日の三カ月前の給与総額をその期間の暦日数で割った金額をいい、例えば月給30万円の人は平均賃金・給付基礎日額は約9千700円、休業補償給付は約7千800円程度になります。

相談 5

病気療養で休職していた部下が復職を希望。まだ顔色が悪いけど、大丈夫？

アドバイス

まずは診断書を確認しましょう。

休職していた社員が復職を希望する場合、復職できるかを判断するために、一般的には主治医の診断書の提出を求めます。労働者自身が働けることの証明として提出するので、診断書代も労働者が負担することが相当と考えられます。

ここで注意したいのは、**主治医は日常生活を指して所見を書いていることも多い**ということです。したがって、会社が求める業務遂行能力が回復しているかどうかは注意深く読む必要があります。例えば、眠気を伴う薬の服用を継続している場合、運転や機械操作の仕事に復帰することは難しいと考えられます。薬の副作用が就労にあたって問題にならないかも、復帰を判断す

Keyword 休職

るポイントになります。主治医の診断書だけでは判断しづらいときは、改めて産業医や会社指定の医師を受診してもらうこともできます。こちらは会社の命令で受診させるので、診断書代は会社負担とすべきでしょう。

診断書から総合的に判断して就労可能と会社が認めたら、どのように復職するかを検討します。[*1] 基本的には休職前の仕事や職場への復帰となりますが、いきなり無理をしてまた休職しては元も子もありません。特にメンタルヘルス疾患の場合は、出勤できるかを試すところから始めるといいでしょう。問題なく通勤できそうだとわかれば、労働の負荷を減らして復職させることになります。まだ体力的に課題があれば、短時間就労や軽作業から始めることを検討します。[*2]

休職した労働者本人は、「以前のように働けるのか」と将来や家族のことに多くの不安を抱え、焦っていることもあります。そうした気持ちに寄り添いながら、労働者本人が徐々に就労範囲や時間をのばしていけるようフォローできるといいですね。また、このような病歴や状況はプライバシー情報になります。情報の取扱い方については社内ルールを整備しておきましょう。

＊1　厚生労働省「心の健康問題により休業した労働者の職場復帰支援の手引き」は、メンタルヘルス疾患により休職した労働者の職場復帰をどのようなプロセスで行うべきかの記載があります。

＊2　本格的な職場復帰の前に行う、職場復帰に向けたリハビリテーションプログラムをリワークプログラム、職場復帰支援プログラム（復職支援プログラム）といいます。実施主体は医療機関、独立行政法人高齢・障害・求職支援機構及び各企業が職場で実施することもあります。復職に向けて課題がある場合はこうした支援を利用する方法もあります。

相談6

社内の階段から落ちて骨折したのに、「健保を使って」と言われました。

アドバイス

就業時間中かつ社内でのケガは業務災害になり、健康保険は使えません。

就業時間中かつ社内でのケガは、**本人の不注意が原因であっても、業務上災害として労災保険の支給対象**になると考えられます。なぜなら、そのケガは仕事をするために会社に出社しなければ起こりえなかったものと考えられるからです。一方、仕事以外に原因がある場合は異なります。例えば、誰かに突き飛ばされて転落した（第三者の関与）、わざと落ちた、などは業務上災害として認められません。

業務上災害として労災保険の給付対象になる場合は、健康保険を使うことができません。病院での受診時に「どうしてこのケガをしたのか」という聞き取りがありますが、職場でのケガであれば労災の支給対象となり、労災を

Keyword 社内でのケガ

使わない場合は全額自己負担で治療を受けることになります。最初に健康保険を使って受診した場合でも、のちのち労災事故ということがわかれば給付の切り替えが行われます。

このように、社内でケガをしたのに健保を使うように指示があったときは、いわゆる**労災隠しを疑う**ことになります。労災隠しは重大な犯罪です。厚生労働省も[*1]、労働者が労災により仕事を休んだり死亡した場合に届け出る「労働者死傷病報告」をしない、または虚偽の報告をした企業には50万円以下の罰金を科すとともに、司法処分も含めた厳しい態度で臨んでいます。また、これに労働者自身が「自分の不注意が原因なので」と健康保険での受診を希望することがありますが、会社に労災隠しの汚名を着せることになるので、会社に正直に申告して労災の給付を受けるのが一番です。

もし会社が労災を認めないときは、最初に受診する病院を労災保険指定医療機関にしましょう。指定医療機関は厚生労働省のホームページで検索できます。地域や診療科などでも探すことができるので、最寄りの病院が指定を受けているかをあらかじめ調べておくと、いざというときに安心です。また、病院では労災として申告すれば治療費はかかりません。[*2]

＊1　労災隠しは労働安全衛生法第100条に違反し又は同法第120条第5号に該当し、50万円以下の罰金が科されます。厚生労働省労働基準局が毎年出している行政通達「労働行政運営方針」にも労災隠しについて言及があり、労災隠しが明らかになった場合には、司法処分を含め厳正に対処するとしています。

＊2　指定外病院で受診してもいいのですが、窓口ではいったん治療費を全額自己負担し、その後に返金を求めることになります。ケガの程度によっては立替金が高額になるので、指定外病院を受診するときは注意しましょう。

口数が減り、表情が乏しくなった部下。うつじゃないかと心配です。

アドバイス

医療機関の受診も視野に入れながら、本人から話を聞きましょう。

急に口数が減る、表情が乏しくなるといった兆候はうつ病の初期症状としてよく見られるものです。他にも、遅刻や早退、欠勤の増加、食欲の低下、自己卑下などのサインが見られることもあります。こうした兆候が見られたら、**まずは本人にヒアリングをする**ことが大切です。上司が聞き役になり、個室でプライバシーに配慮しながら行います。うつが疑われる場合は、産業医または精神科等の精神医療機関の受診を勧めます。

うつを発症して思うように働けなくなることは労働者本人にとってもつらいことですが、会社にとっても大きな損失です。世界保健機関（WHO）の調査[*1]では、自殺で亡くなった人のうち精神障害のある人は90%であり、自殺

Keyword　メンタル不調

関連行動と最も関連のある精神障害はうつ病とアルコール使用障害であることがわかっています。**会社には労働者に対する安全配慮義務がある**ので、職場で疑わしい人がいるときは、万が一の行動が起きないように早期に適切な医療機関につなぐことが重要なのです。

うつが疑われる場合、本人がそれを自覚しているときと、自覚していないときがあります。特に後者では、周囲が心配して声掛けをしても受診につながりにくいため、会社から業務命令として受診を命じる場合もあります。就業規則に専門医の受診を命じる規定がないとしても、客観的に考えて相当である場合は受診命令を合理的であると判断した判例もあります。[*2]

専門医の診断の結果、通常勤務ができるようであれば様子を見ながら仕事を任せます。就業制限や要休業とされれば、勤務時間の短縮やストレス負荷の高い仕事から外す、休職するといった措置を講じます。うつ病のサインに気づくのは日頃からの観察があってこそ。テレワークが普及して直接顔を合わせる時間が減ったことで、会社は症状に気づきにくいときがあります。同僚の異変に気づいたら、まずは声をかけてみましょう。本人が仕事で負荷を多く抱えているようであれば、上司への相談を勧めましょう。

*1 WHO「Preventing suicide: A global imperative」

*2 京セラ事件（東京高裁昭和六一年十一月十三日判決）
労働者が自身の身体的不調を業務災害であると会社に求めたので、会社は判断するために会社指定の医師の診察を受けることを求めました。しかし、労働者はそれを拒否しました。判決では就業規則に会社指定の医師の診察を受けることが定められていなくても、労使間の信義ないし公平の観点に照らして、受診命令が客観的に合理的な措置であると認められました。

コラム

労災申請に必要な絵

一口に労災と言ってもいろいろなものがあります。例えば、凍った外階段をサンダルで降りて、滑って転び、捻挫をしたというケース。冷たい手すりは掴みたくなかったそうですが、大ケガにならなかったのは不幸中の幸いでした。また、火災やガス漏れ、機械への巻き込まれは労働者の就労に大きな影響を与えることがあります。話を聞く側も心がざわつきますが、だんだんと慣れてくるもので、最近では「指が切断されたんですか。どの指の、どの関節ですか?」とスムーズに質問できるようになりました。

労災の申請では事故現場の絵を添えます。どこで、どのような状況でそのケガに至ったのかを図解するのですが、私は絵が得意でないので、この図解化が苦手です。絵が下手という理由で申請が不受理になったことはありませんが、同業者では図解化が得意で、ピクトグラム作家並みの腕前の人もいます。見るたびに素晴らしい出来栄えで、うらやましい限りです。

第4章

ハラスメント・人間関係

相談 1

仕事上の注意をしたら、部下に「パワハラですよ」と言われました。

アドバイス

仕事に必要と認められる範囲の業務指示・指導はパワハラにはあたりません。

パワハラとは「職場において行われる優越的な関係を背景とした言動であって、業務上必要かつ相当な範囲を超えたものにより、その雇用する労働者の就業環境が害されること」を指します。したがって、これに該当しない仕事を進める上での指示や指導はパワハラにはあたりません。

仕事として指示や指導を行うのは、仕事を円滑に進めていくうえで当然のことです。成果物への認識が違っていれば修正が必要ですし、納期が決まっているものは厳格なタイムマネジメントも必須です。また、ミスがあった場合に指摘したり、重大なエラーに関しては厳重に注意することも仕事の上で必要であれば当然に行うべきものです。むしろ、パワハラと言われることを

Keyword パワハラ

恐れるあまり、まったくそうした指示・指導ができなくなるのであれば、指導者側の職務遂行能力を疑われてしまうでしょう。

問題になるのは、無自覚に行き過ぎた指示・指導をしてしまっている場合です。熱血指導が行き過ぎて根性論や精神論を持ち込んだり、仕事上のミスと人格を結び付けるような叱責はパワハラと受け取られる可能性が高まります。**精神的な攻撃と受け取られるような威圧的な言葉選びや、感情が高ぶって机をたたく、こぶしを見せるなどの行動**はパワハラ六類型[*1]のうち「「精神的な攻撃」「身体的な攻撃」に該当するので、このような言動をしているときは直ちに改善が必要です。また、ミスやクレームで損害があるなどの合理性のある場合を除いて、部下から仕事を取り上げる、チームでの仕事から外して情報を渡さないといった行動に出ると「過小な要求」「人間関係からの切り離し」と判断されることもあります。自分の指示や指導がパワハラに当たるかと悩んだら、まずはパワハラ六類型に該当するかを確認しましょう。また、パワハラと言われないような注意の仕方、態度を示すのも大切です。注意をするときは、冷静に具体的な事実と改善点を伝え、感情的にならないように心がけましょう。

＊1 厚生労働省が規定するパワハラ六類型は次の通りです。
①身体的侵害
②精神的侵害
③人間関係からの切り離し
④過大な要求
⑤過小な要求
⑥個の侵害
※詳細は次ページを参照してください。

参考

パワハラ類型について

職場におけるパワハラは三要素を満たし、六類型のいずれかに該当するものをいいます。厚生労働省では三要素を次のように定義しています。

「優越的な関係に基づいて（優位性を背景に）行われ、業務の適正な範囲を超えて行われるものであり、身体的若しくは精神的な苦痛を与えること、または就業環境を害すること。」

これを分解すると左の表になります。

パワハラの三要素

Ⅰ

上司と部下や、経営者と労働者など、職場における上下関係があったり、同僚や部下でも「集団と個人」の関係になったり、知識の有無によって一方に優位性があるような場合で、上位の者の言動を抵抗や拒絶できない状態にあること。

Ⅱ	仕事に必要な範囲を超えた態度であること。例えば、業務上、明らかに必要性のない言動や業務の目的を大きく逸脱した言動、業務を遂行するための手段として不適当な言動、当該行為の回数、行為者の数など、その態様や手段が社会通念に照らして許容される範囲を超える言動があること。
Ⅲ	Ⅰ、Ⅱのような状況があることによって、労働者が身体的または精神的に苦痛を感じたり、それによって職場環境が不快なものとなったために能力の発揮に重大な悪影響が生じるなど、労働者が就業する上で看過できない程度の支障が生じること。

三要素では特にⅡが問題になります。例えば、遅刻など社会的ルールを欠いた言動が見られ、再三注意しても改善されない労働者に対して一定程度強く注意することや、その企業の業務内容や性質に照らして重大な問題行動を行った労働者に対して、一定程度強く注意することはパワハラに該当しないとされています。

パワハラの六類型

❶身体的侵害

殴る、蹴る、叩くなどの物理的な攻撃を指す。身体へ行われるものはもとより、机や椅子に対するものも含む。

❷精神的侵害

人格否定にあたる言葉や、度を越えた叱責の継続、長時間叱り続けるなどの精神的な攻撃を指す。

❸人間関係からの切り離し

一人だけ別室で作業させる、チームから外す、社内行事に一人だけ呼ばない、集団で無視するなど、職場内での人間関係を壊す行為。

❹過大な要求

達成不可能な目標を掲げさせ、未達を厳しく叱責する、明らかに知識や能力を超えた仕事をさせる、肉体的に負荷の強すぎる仕事に従事させるなど、労働者に重すぎる仕事を課すこと。

❺過小な要求

❹とは逆に、能力や地位に応じた仕事を与えないこと。例えば、役職者にゴミ拾いやシュレッダーをかけることのみを命じる、など。

❻個の侵害

労働者の個人事情に過度に立ち入った詮索、仕事に関係ない電話を長時間続けるなど、プライバシーに立ち入る行為。宗教上の行為を揶揄したり、本人のセクシュアリティをからかう行為も該当する。

ハラスメント行為は複数の類型を伴うこともあります。例えば、厳しすぎる営業ノルマを課し、全社員の前で未達状況を罵倒する（❷＋❹）、歓迎会で飲酒を強要し、断った社員には仕事を与えない（❶＋❺＋❻）です。

パワハラは時間の経過とともに状況が悪化します。「パワハラかも？」と思ったら、一人で悩まずに信頼できる上司や先輩、社内窓口に相談しましょう。

相談2

妻が出産し、夫の私が育児休業を取得。「戦力にならないから辞めたら」と言われました。

アドバイス

パタハラの可能性もあるので、社内窓口へ相談しましょう。

Keyword　パタハラ

パタハラは「パタニティ・ハラスメント」の略です。マタハラ（マタニティ・ハラスメント）と同様に、妊娠・出産・子育てなど、子どもに関することを原因として職場内で肉体的・精神的な嫌がらせをしたり、解雇や雇い止め、自主退職などの不当な処遇を与えることを指します。典型例に次のようなものがあります。

①「大事なときだから稼ぐべき」など、上司の価値観で休暇が取得できない。

②「繁忙期にみんなに迷惑かけるの？」と、願い出ることを阻害される。

③ 取得後にチームから外される。情報共有しないなど嫌がらせがある。
④ 取得社員に対し、「もう昇進はない、終わった人」などの噂が流される。

パタハラの原因には、上司自身が育休の取得経験がないという世代的な問題や、アンコンシャス・バイアス*1により「育児は女性がするもの」という思い込み、法律と社会・時代の変化にギャップがあることが考えられます。このような状況を変えるべく、二〇二一年に育児・介護休業法が改正されました。この改正ではいくつかの大きな変化がありましたが、注目したいのは**あらゆる規模の会社において、「男性育休を含む育児休業制度の通知・取得促進の義務化」が図られた**ことです。つまり、自身または配偶者が妊娠したら育休が取得できること、制度の周知をすること、取得の意向を確認することが義務として定められたのです。また、同法では会社のトップの育児休業に対するハラスメントへの方針の明確化、その周知・啓発に加え、育児休業を希望・取得したことについてハラスメントを防止するための措置を講じることも求めています。その一つに苦情を含む窓口の設置があります。まずは窓口へ現状を伝え、相談しましょう。

*1 アンコンシャス・バイアスとは、心理学の概念である「認知バイアス」の一つで、無意識の偏見や思い込みから偏ったモノの見方をしてしまうことです。「無意識バイアス」「潜在的ステレオタイプ」とも呼ばれます。これがあること自体は問題ありませんが、アンコンシャス・バイアスに起因する発言や行動によって、第三者に不快な感情を与えたり、傷つけたりする事象が発生しています。また、アンコンシャス・バイアスがあることによって、自分自身や相手のキャリアの可能性を狭めたり歪めたりすることもあります。

相談
3

顧客からセクハラ。先輩に相談したら「みんな通ってきた道だから」と言われました。

アドバイス

セカンド・ハラスメントです。正式な社内窓口へ相談しましょう。

セクハラなどのハラスメント被害にあった人が、上司や先輩に相談したときに受ける二次的なハラスメントを「セカンド・ハラスメント」といいます。ハラスメントを受ける原因は当事者にあるとしたり、仕方がないとハラスメントを容認すると、さらに被害者を精神的に傷つけます。また、一次的なハラスメントよりも、被害を与えているという意識が薄いという特徴があります。例えば、セクハラ被害者に「そんな服装をしているあなたが悪い」「自意識過剰ではないか」などと責めたり、「大人なんだからそのぐらい我慢しろ」「波風を立てるな」とハラスメントを認めるような声掛けをする行為が典型的です。こうした例は、著者がハラスメントの相談窓口を担当するなかで実

Keyword セカハラ

際に聞いたものです。勇気を出してハラスメントの実態を相談したのに、このようにあしらわれた被害者の心の傷はとても深く、精神疾患を発病してしまった人もいます。

セカンド・ハラスメントは、**相談を受けた側の無理解や知識の欠如が原因**で起こります。また、加害者も過去にハラスメントを受けていたケースが多く、自分が耐えてきただけに相手にも同じ経験を求めがちです。

時代の変化を理解せず、自分の価値観でハラスメント行為を判断していると、「過去は容認されていたが、今はハラスメントになること」に対して適切な判断ができません。また、ハラスメントが被害者に与える影響にも理解が及ばないからこそ、セカンド・ハラスメントを起こしてしまうといえます。相談を受けた場合は自分で判断せず、上司やハラスメント相談窓口へつなぐことが基本の対応になります。

もし被害者になったときは、適切な社内窓口にセカンド・ハラスメントも含めて相談してください。セカンド・ハラスメントを認識していない会社も多いため、まずは実態を報告し、研修や啓蒙[*1]によって抑止環境をつくりあげていけるといいでしょう。

*1　厚生労働省「職場におけるハラスメントの防止のために（セクシュアルハラスメント／妊娠・出産・育児休業等に関するハラスメント／パワーハラスメント）」では、会社が社内研修で使える資料を無料公開しています。

頻繁に電話で言いがかりのようなクレームを言う顧客がいます。

アドバイス

カスハラの可能性があります。周囲へ相談しましょう。

Keyword カスハラ

顧客からのクレームは会社にとって一種の財産です。なぜなら商品やサービスの改善のヒントがあり、成長の糧になるからです。しかし、それはクレームの原因が客観的に見て正当と思われ、**伝え方や態度が常識的な範囲にとどまっている場合**に限ります。厚生労働省の調査によると、社内窓口に寄せられたハラスメントに関する相談のうち、パワハラ・セクハラに次いで顧客からの迷惑行為（カスタマー・ハラスメント）の割合が高く、相談の約2割を占めました。また、顧客からの迷惑行為に関する相談だけが増加傾向にあり、カスハラを受けたと感じた経験をもつ労働者は15%に上りました。[*1] カスハラの典型例は、長時間の拘束や過度なクレーム、名誉棄損となるような暴言や侮辱、土下座の強要や高額な金銭の要求などです。カスハラは傷害罪や脅迫罪、名誉棄損罪など刑法が定める犯罪にあたることもあり、会社は毅然とした態度で立ち向かうことが望まれます。

カスハラとクレームの違いは、次のようなポイント[*2]で判断します。なお、「顧客」とは「これから顧客になる見込みの存在」も含みます。

① 顧客の要求内容には妥当性があるか。

② 要求を実現するための手段や態度が常識的に考えて妥当か。

①は自社に過失があったか、サービスの提供に問題はなかったかに照らして判断します。商品購入の場合は、壊れていた、動かなかったなど商品自体に問題があれば対応する必要がありますが、そうでなければカスハラにあたる可能性を考慮します。②は会社の業務遂行に影響するほどの時間を費やしたり、対応した社員に暴行・暴言の攻撃を行うことは過剰な要求になるため、カスハラとして対応すべきです。①で妥当性があったとしても、常軌を逸したクレームはカスハラにあたります。

*1 東京海上日動リスクコンサルティング株式会社「令和2年度 厚生労働省委託事業 職場のハラスメントに関する実態調査報告書(概要版)」

*2 厚生労働省「カスタマーハラスメント対策マニュアル」

相談5

部下がトランスジェンダーだとカミングアウト。上司としてどんな配慮が必要ですか？

アドバイス

本人の性的指向と性自認を理解し、差別的言動が起きないようにすべきです。

Keyword トランスジェンダー

まず、カミングアウトを受けたことの取扱いは、当事者の意向を必ず確認してください。個人的に知っておいてほしいという気持ちで告白している場合、上司の配慮によって周囲に露見することを恐れる人もいます。また、就労上の配慮を求める意図で相談してくることもあるので、**情報を第三者に開示していいか、いいならばどの範囲まで許容できるかを必ず確認**します。そのうえで、個人情報の取扱いには最大限の配慮が必要です。

具体的にできることとしては、就業規則の見直しや啓発研修によるハラスメントの防止といったソフト面での支援、トイレや更衣室の利用方法に工夫ができるかのハード面での取り組みが考えられます。本書執筆時点では、ト

＊1　トランスジェンダーの女性が、性同一性障害を会社

ランスジェンダーの性自認に応じたトイレ使用について、地裁、高裁において判断が揺れており、必ずしもトランスジェンダー当事者の意向に沿う必要までは明示されていません。[*1] しかし、本人の意向に沿う形で可能な範囲で配慮をすることは可能であると考えます。

就業規則にはSOGIハラ[*2]を含めたあらゆるハラスメントの禁止と、アウティングの禁止、防止措置を講じるための事業主としての態度を盛り込みましょう。SOGIハラ・アウティングもパワハラ防止法の対象になっているため、通常のハラスメントに対する対策と合わせて行います。セカンド・ハラスメント（112ページ参照）が起こらないよう、相談対応する窓口職員は十分な知識研修が必要です。

同時にお勧めしたいのは、社内に向けた啓発研修です。ハード面に当たるトイレや更衣室の利用は、たとえ会社が本人の性自認に沿った性別での使用を認めたとしても、周囲の理解がなければ当事者にはかえって酷なことになりかねません。当事者従業員が安心して職場で時間を過ごせるような環境を整えることを第一に、本人の意向を十分に確認して対応を講じましょう。

（経済産業省）に告白し、女性職員として勤務したいと申し入れました。会社は女性用トイレの利用は認めたものの、勤務フロアから二階以上離れた階のトイレだったことが問題になりました。地裁は違法としましたが、高裁の判決は会社の判断を認めました（東京地裁令和元年十二月十二日判決、東京高裁令和三年五月二七日判決）。

＊2 Sexual Orientation（性的指向）と、Gender Identity（性自認）の頭文字を取った人の属性の略語で、ソジまたはソギと発音します。LGBTQが当事者だけを指すのに対し、SOGIは異性愛の人なども含めたすべての人が持っている属性を指すため、人権保護の観点などから普及している概念・呼称です。

相談
6

社外での仕事後、異性の部下を食事に誘うのはセクハラになりますか？

アドバイス

誘うこと自体は問題ありませんが、十分な配慮が必要です。

Keyword　セクハラ

セクハラ（セクシュアル・ハラスメント[*1]）とは、相手方の意思の反する「性的な言動」を行うことにより相手方の権利・利益を侵害することです。男女双方が加害者にも被害者にもなりえます。

「性的な言動」の範囲は広く、あからさまに性的なものはもとより、女性労働者にのみプライベートなことを聞いたり、身体的特徴を揶揄することも含みます。また、「男のくせに」「女だったら」などのような、ジェンダー・バイアスに類する発言もセクハラの範囲として扱われます。

性的な言動が**「相手方の意思に反して」行われるとハラスメントになります**が、性に関する言動の受け止め方は一人一人異なります。つまり、発言者の意図と違う受け取り方をされることもあるのです。相手との距離感を誤って認識していることもあるので、十分に考慮して行動しましょう。こうした観点から、異性の社員二名以下での社外での行動・食事を禁止する企業もあります。

異性に限らず、上司が部下を食事に誘う行為は、部下にとっては断りにくい場合も少なくありません。ですから、ハラスメントになるかについては「部下が行きたくないと感じたら断れるかどうか」が一つの基準となるでしょう。複数人を誘う場合であっても同様です。

仮に部下が断っても、職場の人間関係や報酬に影響が出ないのであれば誘うこと自体は問題ありません。しかし、断ったことで働きにくくなる、報酬が減るなどのネガティブな影響が出るのであればセクハラと判断される可能性が高まります。部下の相談に乗るために、あえて社外で、二人きりで話を聞く必要があるときは、恋人と行くような店は控え、他の社員に見られても誤解されないような距離を保つなどの配慮をしましょう。

相手がどう受け止めるかを考慮し、セクハラの加害者として疑われないように行動することが大切です。

＊1　セクハラの類型に「対価型セクシュアル・ハラスメント」と「環境型セクシュアル・ハラスメント」があります。対価型とは労働者の意に反する性的な言動に対して拒否や抵抗をしたことにより、解雇や減給などの不利益を受けることをいいます。環境型とは労働者の意に反する性的な言動により労働者の就業環境が不快なものとなり、労働者の能力発揮に重大な悪影響が生じるなど、見過ごせない程度の支障が生じることをいいます。

相談 7

新卒です。配属部署は社歴の長いアルバイトばかり。情報共有されず「余計なことはしないで」と言われます。

アドバイス

パワハラの疑いがあります。一度会社に相談しましょう。

Keyword パワハラ

非正規スタッフであったとしても、現場での経験や知識量が正社員より多い人はたくさんいるものです。そうした人々からすれば、新入社員は非常に頼りなく見えるのでしょう。仕事の指示を聞いてもらえない、報告が少ないという悩みを持つ若手社員は多いようです。

一般的に、パワハラとは、職位の上位者が下の者に対して行うことが多いのですが、**同僚や部下からのパワハラ**もあります。仕事上の知識や経験は立場の優位性につながります。数の多い非正規社員に対して正社員が一人という構図では、人数の多寡が圧力になります。そのような状態で「社員のくせに仕事ができないのか」「こんなこともわからないの」と言われると、言われた側は自己効力感[*1]をなくし、ますます職責を果たしにくくなります。

また、仕事で必要な情報を共有されなかったり、重要な判断事項について報告や相談がない場合は、会社自体の円滑な事業運営ができなくなります。こうした状況はパワハラに該当する可能性が高く、改善すべきです。

相談者のケースでは、まずは会社に相談しましょう。会社は状況を把握していないこともあるので、現状の共有は重要です。その際は、具体的にどのようなハラスメント行為があるかを明確にします。集団での圧力がある場合は、中心になっている人物がいるか、いつからその状況に置かれているのかなど、5W1Hを踏まえた事実に基づいて伝えます。そのうえで、まずは話し合いによって解決策を探ることになるでしょう。

自分に能力がなくて人をまとめることができない、思うように協力してもらえないと悩む若手社員は少なくありません。そうした悩みがあるときは、一人で抱えずに上司や周囲に相談しましょう。加害者側もその行為がパワハラだと自覚できれば止めることも多いものです。研修なども活用し、会社からパワハラについての正しい知識を啓蒙してもらうことも有効です。

*1 心理学者のアルバート・バンデューラ博士によって提唱された概念で、「人がある課題に直面した際、自分にはそれが実行できる、という期待や達成する能力があるという認知」と定義されます。目標を達成するための能力を自らが持っていると認識することを指します。自己効力感が高いと職務パフォーマンスには正の相関があることも研究で実証されています。

相談 8

高額案件をバンバン取ってくる上司。部下への要求も多くてつらいです。

アドバイス

行き過ぎた要求はパワハラにあたる可能性があります。

Keyword パワハラ

いわゆる「仕事ができるタイプ」の上司を持つと、自分ができるだけに周囲にも同じ水準を要求しがちです。販売成績や顧客からの評価がよければ会社からも評価されている場合が多く、部下への指示・指導の内容自体は問題ないので発覚しにくいのですが、言い方がきつかったり、自分と同じやり方を強制するなどの課題が隠れていることが多いのです。

このタイプの上司は、誰よりも会社に貢献して成果を出しているという自負があります。また、それが事実であるために、会社も重宝な存在として扱います。しかし、だからといってパワハラが許されてはなりません。このような上司は、**自分がパワハラをしている自覚はない**ことが多く、「育てているんだから、自分についてこられない相手が悪い」と被害者意識を持っているることさえあります。こうした上司を持った場合は、速やかにそれがパワハラであることを本人や会社に自覚してもらうようにしましょう。

そのためには録音やメール文面の保存など、パワハラの証拠を集めておくことも重要です。指導内容がいかに正しくとも、声を荒げたり、机をたたく、モノを投げるなどの行為があれば、言われた側は苦痛を感じます。人格否定をする言葉を使っていないか、仕事の指導の範囲を超えていないかを確認するためにも、証拠をきちんと押さえておきましょう[*1]。

ハラスメント行為によって部下が精神疾患になる可能性は少なくありませんが、ハラスメント問題で深刻なのは、被害者だけではなく加害者への影響も少なからずあるということです。自分としては善意で行っている熱い指導の結果、部下が精神疾患を患うことになった場合、加害者側もなんらかの処分を受けることになります。自分としては誠実に勤めてきた会社に裏切られた気持ちになるでしょうし、そこではじめて自分の行為を自覚し、加害者も病んでしまうケースもあります。深刻化する前に、パワハラであるということを加害者や会社に認識させることが重要です。

＊1　パワハラに限らず、ハラスメント行為の加害者は自覚がないからこそ加害している場合が多く、その意味でも客観的な証拠を押さえておくことは非常に重要です。

相談 9

上司命令で一人だけ営業を外され、書庫の整理をさせられています。

アドバイス

「人間関係からの切り離し・過小な要求」型のパワハラの可能性があります。

Keyword パワハラ

相談内容は、パワハラ六類型（108ページ）のうち、「人間関係からの切り離し」と「過小な要求」に該当する可能性が高いと思われます。「人間関係からの切り離し」とは、特定の労働者に対して、仕事から外したり、別室へ隔離したり、無視・仲間外しを行うことです。同じ仕事であるのに場所を理由なく別室にするなど物理的に距離を遠ざけたり、懇親会などの社内行事に呼ばないなど、社内コミュニティから遠ざける行為を含みます。

「過小な要求」とは、合理性なく、能力や経験とかけ離れた程度の低い仕事を命じたり仕事を与えないこと、いわゆる「仕事を干される」状況です。自主退職させることを目的に窓際仕事を与える、追い出し部屋と呼ばれる部署に異動させる、などもこの類型に該当することが多いのです。

パワハラは複数の要因が組み合わさって起こることもあります。そのため、物理的な暴力や精神を追い詰めるような言葉での圧力に比べ、当事者がパワハラだと認識していない場合もあります。また、同僚からすれば、仕事をするうえでの変化が本人の申告・希望によるものなのかわかりにくいこともあるのです。

しかし、明らかに「仕事を干されている」状態や、与えられている仕事が本人の能力に対して低すぎる場合、それはパワハラの可能性が高いでしょう。裁判例[*1]では、退職勧奨に応じなかった社員を営業部から倉庫勤務に異動させた企業に対し、配置転換を無効としたものがあります。

時間がパワハラを解決することはありません。パワハラの可能性に気づいたら、まずは社内のしかるべき窓口に相談します。パワハラが上司命令によって引き起こされているケースでは、すみやかに人事部や社内の相談窓口へ相談しましょう。窓口の設置はパワハラ防止法[*2]で義務づけられています。一人で抱え込まずに、必要であれば外部の相談窓口も活用することをお勧めします。

＊1 新和産業事件（大阪高裁平成二五年四月二五日判決）
退職勧奨を拒み続けた社員に対し、営業部から倉庫への配置転換及び課長職からの降格を命じ、これに伴い賃金を減額された事案です。判決では倉庫業務に人員補充の必要性はなかったこと、大卒社員が配属された前例がないことから、異動は会社が権利濫用したものとして無効とされました。

＊2 パワハラ防止法は通称で、正式には「労働施策総合推進法（労働施策の総合的な推進並びに労働者の雇用の安定及び職業生活の充実等に関する法律）」といいます。

相談 10

身に覚えがないのに、「上司と不倫している」という噂を流されました。

アドバイス

モラハラです。会社または外部の機関に相談しましょう。

Keyword モラハラ

身に覚えがない噂を流されるのは非常に迷惑なことですね。職場でそうした噂が流れること自体苦痛であり、職場の人間関係が壊れたり、人的信用が傷つけられるなどの二次的な被害も想定されます。こうした事実無根の噂を流すことは、モラル・ハラスメント（モラハラ）といえます。また、このケースは**名誉棄損行為にも該当する可能性が高い**と考えられます。噂を流した相手には毅然とした態度で対応しましょう。例えば「おかしな噂を流されていると、〇〇さんより聞いた」「これは事実ではなく、仕事に支障が出て困っている」ということを会社に相談することも考えられます。

基本的に、会社は社員同士のトラブルに関与しませんが、社内で嫌がらせ

＊1　労働契約法第5条「使用者は、労働契約に伴い、労働者がその生命、身体等の安全を確保しつつ労働することが

が行われていることを知った時点で、対策する責任が生じます。会社には安全配慮義務があり、その中には労働者にとって働きやすい職場環境を保つように配慮すべき義務も含まれると解されています。[*1・2]

モラハラは、倫理や道徳に反した嫌がらせを行うことです。物理的な暴力は伴わないものの、言葉や態度で相手を精神的に追い詰める行為全般が該当します。他のハラスメントと比較して発覚しにくく、被害者も自分に非があるのかと受け入れてしまうことも少なくありません。しかし、労働者の職場定着に大きな影響を及ぼす部分であり、対策が必要です。

職場におけるモラハラの代表例は「いじめ・嫌がらせ」です。個別労働紛争で扱われる内容として最も多く、令和三年度は約八万六千件もの相談が寄せられました。職場は労働者にとって一日の大半を過ごす場所なので、そこでのいじめや嫌がらせは仕事だけでなく心身に大きな負荷を与えます。そのため、会社はハラスメント対応用の窓口の設置が義務づけられています。社外の機関であれば総合労働相談コーナーのほか、法務省が実施している「みんなの人権110番」[*3]を利用することもできます。職場でのモラハラは一人で抱え込まず、周囲に相談しながら解決することが重要です。

できるよう、必要な配慮をするものとする」

*2 三重県厚生農協連合会病院セクシュアルハラスメント事件（津地平成九年十一月五日判決）

会社は労働者に対して、労働契約上の付随義務として働きやすい職場環境を保つように配慮すべき義務があると明言されました。

*3 「みんなの人権110番」は法務省が行っている事業で、パワハラやセクハラ、いじめ、DV（家庭内暴力）、モラハラ、インターネット上も含めた誹謗中傷など、人権侵害に相当する相談を受ける窓口です。窓口のほかメール、電話、LINEなどで相談でき、適切な救済措置を講じてくれます。

相談 11

飲み会で同僚のお金を立て替えたら、返ってくる気配がありません。

アドバイス

当事者間で解決しないときは、会社に相談してみましょう。

Keyword 金銭トラブル

飲み会の場で「貸して！」と言われると断りにくいものですよね。それがなかなか返ってこないとやきもきするものです。このような労働者同士の金銭トラブルは案外多いようで、著者もたびたび相談を受けます。

お金の貸し借りは私生活上のことであり、基本的には会社が関与するものではありません。しかし、同僚という関係があって立て替えた場合、何度言っても返してくれないときは会社に相談してみることをお勧めします。

まずは、会社の就業規則を改めて確認してみてください。こうしたトラブルを防ぐため、服務規律や懲戒事由の規定に金銭の貸し借りについて盛り込まれていることがあります。飲み会は勤務時間外の行為であり、会社が直ちに懲戒処分にできるかといえば難しいのですが、貸した相手に「就業規則に禁止と書いてあるから」と伝えて返済を促す効果はあるものと考えます。それでも解決できないときは、上司に事実を伝え、会社に現状を把握してもらいましょう。**会社は円滑な事業運営のために社内秩序を維持する権限**があり、労働者は会社と労働契約を通じてそれを守る義務があります。金銭トラブルは信用を壊し、人間関係のトラブルに発展しやすいものです。社内での対立が深刻化する前に、会社から注意してもらうとよいでしょう。

あるとき、ランチ代を複数人から借りているという社員についての相談がありました。ランチ代なので一回の額としては千円程度ですが、部下や後輩など断りにくい相手からも借りていたということで、会社が相談を受けたのです。この会社の就業規則には社員間の金銭の貸し借りを禁止する規定があったため、問題となる社員に始末書を書かせるとともに、借りていた全員に対して、速やかに返済してもらいました。

お金のトラブルは人間関係にも尾を引くものです。早期の解決がなにより重要です。

相談
12

上司から名前ではなく「お前」と呼ばれますが、やめてほしいです。

アドバイス

ストレスを感じていると伝え、改善を求めましょう。

Keyword パワハラ

親しみの現れとして「お前」呼びをする人もいるのでしょうが、それは古い価値観です。上司に対して呼び方を改めるよう、ハラスメントの社内相談窓口を活用したり、人事担当者に相談して改善を促してもらうといいでしょう。なお、厚生労働省はパワハラ防止措置*1として、労働者向けの相談窓口の設置や、適切な対応を取るための体制整備を義務づけています。

「お前」という呼びかけが問題なのは、**「あなたと私は対等な存在ではない」という意識があるから**です。厚生労働省は、パワハラは次の三項目を満たすとしています。

①地位や立場、知識などに偏りがあるなど圧力がかかりやすい関係で、
②業務上必要な範囲かつ相当な範囲を超えた言動により、
③労働者の就業環境が害される。

上司・部下の関係性は①に該当し、「お前」と呼ぶのは②に該当します。ですから問題になるのは③の程度ということになるでしょう。

実際のところ、「お前」と呼ばれるだけの事実ではパワハラと判断されにくいと思われます。しかし、社内でたった一人だけが「お前」と呼ばれるのは恣意的ですし、自分たちは対等ではないという意識を誘発する言葉遣いといえます。「お前」という呼びかけは敬語が使いづらいものです。自分と相手との関係において、「【お前】と呼んでも許される」と無意識で考えているといってもいいでしょう。

パワハラの行為者は、自分がパワハラをしているという意識を持っていないものです。相手の不快感に気づかず、自覚がないからやってしまうのです。したがって、こうした不快感がある場合は、相手にきちんとその事実を認識させることが重要です。

＊1　厚生労働大臣の指針により、職場におけるパワー・ハラスメントやセクシュアル・ハラスメント及び妊娠・出産・育児休業等に関するハラスメントを防止するために、事業主には次のことを義務づけています。
①事業主の方針の明確化及びその周知・啓発
②相談（苦情を含む）に応じ、適切に対応するために必要な体制の整備
③職場におけるハラスメントへの事後の迅速かつ適切な対応
④併せて講ずべき措置（プライバシー保護、不利益取扱いの禁止等）

相談 13

上司からSNSの友だち申請を受けましたが、ちょっと微妙です。

アドバイス

ソーハラの可能性も。気が乗らないことは伝えましょう。

Keyword ソーハラ

LINEを含めたSNSは多くの人が日常的に使うコミュニティツールです。便利ですが、社内の人間関係を持ち込むとリスクも伴います。

SNSに仕事上の人間関係を持ち込んで嫌がらせや迷惑行為を行うことを「ソーシャル・ハラスメント（ソーハラ）」といいます。典型的な例は「いいね！」などのリアクションの強要、SNS上で公開している私生活情報への干渉、威圧的なコメントの書き込み、交友関係に対する口出しなどです。SNSはプライバシーに関する情報も書き込まれるので、そこから得た情報を本人の同意なく社内に流布することもソーハラになります。

こうしたソーハラにあわないために、自衛することが大切です。アカウントを複数使い分けたり、公開範囲を限定するなど対策をしておきましょう。また、日頃からSNSではプライベートな友人からしか申請を受けないと公言しておくと、申請を断りやすくなります。

ある企業の調査[*1]では、先輩・上司のSNSアカウントと相互につながっていると回答した人に対して、どんな経緯でつながることになったのかを聞いています。最も多かったのは「会話の流れでつながった」でしたが、次いで多かったのが「上司に発見された」でした。この調査では、先輩や上司とつながったメリットを感じているとした回答もありましたが、「悪かった」という回答では「上司に常に監視されている気がする」「上司の承認欲求が面倒」「公私混同してしまう」など、職場の人間関係に影響を感じるとしたものも少なくありませんでした。

他のハラスメントと同様に、ソーハラも**加害者は被害者が迷惑だと思っていないことが多い**ものです。したがって、自分が不快であることを伝え、改善を求めましょう。直接言いにくい場合は、社内のハラスメント相談窓口を活用することもできます。58ページもご覧いただき、つながらない権利を行使する意識を持ちましょう。

＊1　株式会社ビジュアルワークス「上司のSNSアカウントを探し出している！　イマドキのSNSは複垢が常識?!「10代・20代・30代のSNSに関する意識調査」」

調査では社員の六人に一人が上司や先輩のアカウントを探しているというデータがあります。また、つながることをポジティブに反応しているのはインスタグラムであり、フェイスブックは否定的な反応が多いなど、捉え方の違いがあることが読み取れます。

相談14

バースデー休暇の導入を検討中。注意すべきことはありますか？

アドバイス

目的にそった運用方法を定めておくことが重要です。

Keyword　特別休暇

バースデー休暇はアニバーサリー休暇ともいい、誕生日当日や誕生月の任意の一日に休暇をもらえる制度です。こうした会社が独自に与える休暇制度を特別休暇[*1]といい、失恋したときに休める失恋休暇や、大切なペットとのお別れの時間を過ごしたい社員にペット忌引休暇を用意するなど、各社が独自の休暇制度を福利厚生として用意することがあります。慶弔休暇やお盆時期の夏季休暇などもこの特別休暇によるものです。

特別休暇は会社が自由に付与内容を決めることができますが、それだけに大切なのは「**何のためにこの休暇制度を導入するのか**」という**目的**を持つことです。例えば、バースデー休暇は、誕生日当日にしか休めないのか、当月中ならいいのか、この二つはプライバシー情報の観点から大きく異なります。また、自分の家族の記念日も休みの対象に含めるのか、そうしたことで付与の範囲が大きく異なってきます。誕生日を周囲に知られたくない人もいます。せっかくの特別休暇が制度だけのものにならないよう、導入前には提案者の考えを共有し、社員にアンケート調査などを実施してそのニーズを確認しましょう。

目的が決まったら、休暇の内容を定めます。いつ休むことができるのか、休むことができる日数、休んだ日は有給か無給か、など目的に照らして決めていくことをお勧めします。誕生日と会社の公休日が重なるときの判断や、取得可能日数は暦日なのか労働日に限定するのか、などもトラブルになりやすい部分です。休暇を提案・採用する側の意図が誤って伝わらないよう、細かい部分も就業規則に定めておくとよいでしょう。

なお、特別休暇を年次有給休暇の計画的付与（会社が有休を与える日を設定）とすることもできます。その場合も就業規則に定めるほか、会社と労働者の代表者または労働組合の間で、計画的付与についての労使協定を結んでおく必要があります。*2

＊1 厚生労働省「令和3年就労条件総合調査の概況」によると、なんらかの特別休暇を導入している企業は約6割にのぼります。最も多いのは夏季休暇（42・0％）、次いで病気休暇（23・8％）、リフレッシュ休暇（13・9％）です。

＊2 正社員に限定して設ける場合は、同一労働同一賃金との関連も問題になります。導入する場合は、非正規社員でも勤続年数に応じて利用できるような制度とすることが必要です。

コラム

育休とハラスメントの根深い問題

研修講師としてお声をかけていただくことが多い最近の二大テーマが、「ハラスメント」と「男性育休」です。特に後者は法改正によって、男性の育休取得状況を会社が公表することが義務づけられました。そのため、会社としても労働者の取得を後押ししたいようです。

しかしながら、男性が実際には育児休業を取得できない理由の一つは、働き方改革を数字上でだけ推し進めてしまっていることです。

例えば、職場内でのムダや余裕が許されなくなった結果、同僚の状況を細かく知る機会が少なくなりました。残業時間にも上限が課せられ、既にぎりぎりのところで働いている人たちにとって、育児休業でチームに欠員が出ることは大きな打撃です。そうなると、育休を取れるはずの労働者も「自分のワークライフバランスのために同僚のワークライフバランスを犠牲にしている」と考えてしまいます。実際にそのように非難された人を見たこともあるとすれば、さらに取得をためらうこともあるでしょう。

男性育休に限らず、職種や職場の環境によって休みを取ること自体に苦労している人もいます。保育や教職の仕事では、年度途中での育休取得や職場復帰を事実上認めないという事例を見聞きしたことがあります。また、自分の子どもの行事のために欠席する教職員に対して、クレームを入れる保護者もいます。こうした行為は相手に対する無理解が引き起こしているといえます。

最近、D&I（ダイバーシティ・アンド・インクルージョン）ということの重要性がさまざまな面で語られるようになりました。けれども、企業におけるインクルージョン（包含性）とは、所属する社員の属性が少ないほうが高まります。みんなが同じ背景を持ち、同じような考え方であれば共感性が発揮され、「みんなが仲間」という感覚が育まれるからです。一方で、多様な背景を持つ社員が増えてくる（＝ダイバーシティが進む）と、この意識は育まれにくくなり、「違うこと」がハラスメントの温床になりやすくなります。相手の立場や状況に目を向ける余裕を持つこと、思いやる気持ちを持つことがハラスメントの抑制につながります。

第5章

賃金・福利厚生

相談 1

同じ部署採用の正社員なのに、入社後の基本給が男女で違うみたいです。

アドバイス

男女同一賃金違反です。

Keyword 基本給

労働基準法は、給与について男性と女性で差別をしてはならない[*1]としています。相談者の仕事内容は男女で差がないようなので、この条文に抵触します。会社は労働基準法違反を犯しているといえるでしょう。

注意したいのは、この条文は「女性であることを理由として」差別をしてはならないとしていることです。そもそもの基本給額が違う、適用される賃金テーブル（給与テーブル：賃金や給与を設定する基準表）が異なるという場合だけでなく、女性だけに家族手当や扶養手当が支払われないというものも差別に含まれます。裁判例[*2]では同じ内容の仕事であって、**求められる成果や専門性が同程度であれば、男女で異なる給与になることは違法**としています。

一方で、個々人の技術・スキルの差、能率や年齢、その仕事に対する知識・経験の差など、性別を理由としない給与差が生じることは許容されています。ということは、明らかにそうした理由がないときの給与差は違法になるということです。

かつて、女性は結婚したり妊娠したりといったライフイベントで退職する慣例がありました。その考え方に基づき、男性は総合職、女性は一般職と、雇用管理上で区別することも当たり前のように行われてきました。しかし、この考え方は女性の社会進出とともに変化しています。古い価値観の就業規則をいまだに使っている会社もあるとすれば、コンプライアンス遵守の観点からも適正な制度への是正が必要です。声を上げても変わらない、嫌がらせなどの不利益な扱いがあるときは、労働基準監督署や総合労働相談コーナー、社労士や弁護士などの専門家に相談しましょう。労働基準法第4条の違反は刑事罰が科されるほか、男女の給与の差額分相当額について損害賠償請求、慰謝料請求などができる可能性があります。違法状態に声を上げ、正当な対価を要求しましょう。

＊1　労働基準法第4条「使用者は、労働者が女性であることを理由として、賃金について、男性と差別的取扱いをしてはならない」

＊2　兼松事件（東京高裁平成二十年一月三一日判決）
女性従業員の職務内容が男性のものと差がなかったにもかかわらず、給与に格差を設けた会社に対し、男女の賃金差別を禁止した労働基準法第4条に反すると裁判所が判じた事件です。

相談 2

短時間正社員になったら、通勤手当が支給されなくなりました。

アドバイス

パートタイム・有期雇用労働法違反です。

Keyword 時短勤務

「短時間正社員」とは、決められた労働時間が正社員より短いほかは、通常の正社員と同じ仕事をする雇用形態です。つまり、正社員に払われる手当のうち、時間の長短に影響しない手当は支給を受けることができます。

事実、厚生労働省のガイドライン*1は、「短時間・有期雇用労働者にも、通常の労働者と同一の通勤手当及び出張旅費を支給しなければならない」と明確に記載しています。ただし、完全に同額を支払うわけではなく、例えば出勤日数が正社員に比べ少ない労働者には、出勤日数に応じて支払えばよいとしています。根拠は「同一労働同一賃金」の考え方で、「業務の内容及び当該業務に伴う責任の程度、当該職務の内容及び配置の変更の範囲その他の事情」から均衡待遇違反、均等待遇違反について判断されます。よって、**異なる雇用形態を理由に賃金格差は生じさせない**とします。相談の状態はまさしく賃金格差といえますので、同一賃金同一労働の根拠となるパート有期法違反となるかどうかが問われます。[*2]

しかし、この法律やガイドラインに強制力はなく、違反した企業は罰則規定や行政指導を受けません。法令条文上は義務規定ですが、対応する罰則が定められていないのです。残念ながらこうした不合理な格差を残している会社もありますので、まずは会社に改善要望を出すことから始めてください。改善要望には「会社がこの格差を是正することで得られるメリット」も記載しておくといいでしょう。是正によって企業イメージの向上や、育児・介護などによる短時間正社員のモチベーションを維持できるなど、具体的な記載ほど検討されやすくなります。

ただし、短時間正社員へも手当を支給すれば、会社の人件費は膨らみます。雇用計画や採用人数にも影響が出るので、慎重に対応したいという事情もあるでしょう。改善要望を出して交渉しても改善されず、どうしても納得できないときは、転職も検討する必要があると思います。

＊1　厚生労働省「短時間・有期雇用労働者及び派遣労働者に対する不合理な待遇の禁止等に関する指針」(平成三十年十二月二十八日)、通称「同一労働同一賃金ガイドライン」と呼ばれるものです。

＊2　パートタイム・有期雇用労働法は、正式名称を「短時間労働者及び有期雇用労働者の雇用管理の改善等に関する法律」といいます。有期契約労働者とパートタイム労働者に関する同一賃金同一労働については、同法律の第8条・第9条を根拠としています。

相談 3

会社から、給与の振込先口座を特定の銀行にすると言われました。

アドバイス

いつも使っている銀行で大丈夫です。

Keyword　給与振込

入社時に特定の銀行で口座を作るよう指示され、その口座で給与を受け取るというルールがある会社が散見されます。多くの場合、会社の支払う振込手数料や管理上の都合でこのような取扱いをしているようですが、厳密には労働基準法違反です。

労働基準法では賃金の通貨払いの原則があり、基本的には現金で支払うものとしています。しかし、例外として、労働者の同意があれば銀行振込で支払ってもよいとしているのです。[*1]給与を銀行振込にする会社は多いですが、**振込先口座は「労働者が指定する」もの**でなければなりません。もちろん、会社が特定の銀行口座の開設・利用を「お願い」することはできますが、あくまでもお願いなので断ることもできます。自宅近くに支店がないなど利便性が低いケースもあり、理由を伝えて断っても大丈夫です。

最近では、厚生労働省がデジタル通貨での給与支払いを認める方向で検討しているという報道もあります。これは会社が支払う給与を、銀行口座を介さずに直接労働者にデジタル通貨で支払う方法です。デジタル通貨はｐａｙｐａｙ、ＬＩＮＥｐａｙなど、キャッシュレス決済サービスと接続されたペイロールカードというプールのような場所に支払われ、労働者は好きなキャッシュレス決済サービスの会社を選び、給与を受け取ることができます。

経済産業省の調査によると、二〇二一年のキャッシュレス決済比率は32・5％に達する反面、デジタル通貨（電子マネー・コード決済）比率[*2]は3・8％にとどまりました。まだまだデジタル通貨での決済は一般的とは言えませんが、ＱＲコード決済に慣れた労働者の利便性は向上するでしょう。

今後、新たな給与支払いの方法が普及すれば、会社指定の銀行で一律に給与を受け取るのは時代に合わなくなりそうです。従業員満足度の観点からも、疑問があるときは声をあげてみてください。

＊1　労働基準法第24条第1項では、「賃金は、通貨で、直接労働者に、その全額を支払わなければならない」としています。しかし、これに続く但し書きで「厚生労働省令で定める賃金について確実な支払の方法で厚生労働省令で定めるものによる場合においては、通貨以外のもので支払い」という文章があり、これが銀行口座への振込支払いを認める根拠になっています。

＊2　経済産業省「二〇二一年のキャッシュレス決済比率を算出しました」

相談 4

家族手当を申請したら、事実婚の連れ子には支給できないと言われました。

アドバイス

会社の制度によっては、支給されないこともあります。

Keyword 家族手当

一定の要件に該当する家族がいる場合に、家族手当（扶養手当）の名目で手当を支給する企業は、全体の8割に上ります。[*1] 家族手当の支給対象は会社が任意に定めることができるため、法律婚の相手・法律上の子どものみと限定している会社も多いようです。

日本労働組合総連合会が、家族手当について配偶者に関する支給状況を調査したところ、[*2]「婚姻届の提出」が要件だとした回答は約4割、「自分が世帯主である」が約1割、「事実婚にも支給される」が3・1%、「同性パートナーにも支給される」はわずか2・8%でした。ここから読み取れるのは、多くの会社においては事実婚・同性パートナーに対する家族手当の支給はないということです。前述のとおり、そう定めること自体に法律的な問題はありません。とはいえ、会社の姿勢が表れているといえます。

異性のパートナーがいる場合、現在は、事実婚よりも法律婚のほうが圧倒的に金銭的メリットがあります。しかし、法律婚をすることによってデメリットがあると感じる人もいます。また、子連れ再婚によるステップファミリー（血縁のない親子関係）やLGBTQ当事者のパートナーシップなど、家族や夫婦のあり方も多様化しています。このような観点から、家族手当の支給対象の見直しを行っている会社も少なくありません。

LGBTQ当事者や将来的に事実婚を選びたいという人の就職相談を受けることがありますが、家族手当の有無と内容を確認することを勧めています。この手当には企業や経営者の家族観が一番反映されていると思うからです。実際、ダイバーシティや人権デューデリジェンス[*3]の観点から、家族手当の内容を公開している企業もあります。例えば、KDDIの社内規定は「配偶者」に同性パートナーを含み、その子どもも育児休暇の対象とすることを公表しています。こうした**情報を積極的に収集し、自分の価値観に合う会社を探す**ことで、入社後に働きやすい会社を見つけることができるでしょう。

＊1　中央労働委員会「令和二年賃金事情等総合調査（確報）」

＊2　日本労働組合総連合会「夫婦別姓と職場の制度に関する調査二〇二二」

＊3　人権デューデリジェンス(Due Diligence)とは、会社が自社や取引先までを含めた範囲で人権侵害の有無やその程度を特定し、対策を講じる一連のプロセスを指します。SDGsの観点からも近年その必要性が重要視されている取り組みです。

相談
5

固定残業手当はあるけど、どれだけ残業しても追加の残業代は出ないの？

アドバイス

残業時間として設定された時間を超えた分は残業手当の対象です。

毎月の法定の労働時間に加え、あらかじめ見込まれた一定の残業時間を「固定残業時間」といいます。これに対応して実際の残業時間のうち、一定時間分の残業時間に対する割増賃金を固定給としてあらかじめ支払う制度を「固定残業代（みなし残業代、定額残業代）制」といいます。見込まれた残業時間に対応する割増賃金を毎月固定的に支払うため、基本給とは別に項目立てる必要があります。固定残業制度は、見込まれた労働時間以内に仕事を終わらせることができれば、実際の労働時間で計算するよりも多く給与をもらうことができます。つまり、労働生産性の高い人には有利な制度といえます。会社側も、一定時間内の残業であれば給与計算が簡略化できるというメ

Keyword 残業

リットがあります。

固定残業に含まれる時間は会社によって異なりますが、当然、「見込まれた残業時間」を超えることもあり得ます。その場合、「実残業時間」から「見込まれた残業時間」を差し引いた分には割増賃金が発生します。固定残業手当を払ったからといって、何時間残業しても割増賃金を支払う必要がないわけではありません。もし**「実残業時間」と「見込まれた残業時間」の間に差がある場合は、正当な権利として割増賃金を請求**しましょう。なお、賃金債権の時効は二年です。[*1]

固定残業制度を導入している会社に就職・転職するときは、求人票に固定残業手当の表記があるかを確認します。また、次の四つは重要です。

① 本来の基本給そのものの額はいくらか。
② 何時間分を固定残業として見込んでいるか。
③ 「見込まれた時間」に対応した時間分の割増賃金として計算されているか。
④ 固定残業時間を超える時間外労働、休日労働および深夜労働に対して割増賃金を追加で支払うとしているか。

＊1 労働基準法第115条は賃金債権の消滅時効期間を次のように定めています。
①退職手当を除く賃金、休業手当、年次有給休暇の請求、災害補償などに関する時効…二年
②退職手当の請求権…五年

相談 6

配置転換後にお給料が減りました。会社は「仕事が違うから当然」と言いますが……。

アドバイス

配置転換があっても、原則として以前と同額の給与を保障されます。

Keyword 配置転換

「配置転換」は人事異動の方法の一つで、職種の変更を伴う「配置換え」、勤務地の変更を伴う「転勤」も含まれます。会社は配置転換に対する権限を持ちますが、それは無制限に許されるものではありません。会社が適法に配置転換を行うには、次の条件が必要です。

①労働者一人一人に同意をとること、または就業規則や雇用契約書で配置転換を行うと記載していること。

②その配置転換は必要性があり、配置転換の対象となる人材の選択が合理的であること。

③ 報復や嫌がらせなどの目的で行われるものではないこと。
④ 労働者が通常配置転換で受けると想定している範囲を超えて、著しい不利益を与えるものではないこと。

条件を満たせば配置転換はできますが、**法律上、配置転換と給与は別であると**裁判所は判じています。[*1] つまり、配置転換に伴って給与が下がることは認められません。労働者の給与は会社と労働者の交わした雇用契約によって定められます。雇用契約は会社と労働者双方が守るものです。また、給与額は労働すると決めるうえで大きな要素であることは間違いがなく、契約書に記載の給与額が変わることは労働者に大きな影響を及ぼします。したがって、配置転換があったとしても、原則として会社はもともと支払っていた給与額を払わなければならない[*2]のです。

しかし例外もあって、本人が同意すれば、配置転換に伴って給与を減額できます。「同意」は非常に重要なものです。配置転換のときは書面をよく読まないまま署名して給与の減額を受け入れていた……ということのないよう、処遇も丁寧に確認し、不用意な署名をしないようにしましょう。

＊1 デイエフアイ西友（ウェルセーブ）事件（東京地決平成九年一月二四日判決）
バイヤーとして採用された社員が、試用期間中の業務成績不良によりアシスタント職に降格しました。それに伴い、会社は給与を引き下げましたが、裁判所はこれを違法とし、降格したとしても給与は従前額を保障すべきとしました。

＊2 ただし、「役職手当として部長職にあるものに対し月〇万円を支払う」というような賃金規程上に役職手当が明快に規定されている場合で、本文中①～④の条件を満たしていれば、配置転換によってこの手当の支払いがなくなることはただちに違法とはなりません。

相談7

顧客をもてなす連日の接待。これは残業ではないのでしょうか？

アドバイス

仕事としての接待は、残業として時間外割増が請求できます。

Keyword 残業

飲食を伴う「ビジネス会食」や休日の「接待ゴルフ」など、接待にはさまざまな形があります。自分の意思で行うこともあれば、上司に連れていかれることもあるでしょう。接待の場で契約獲得の根回しをしたり、参加したかどうかによって担当案件の数や質が変わるようなことがあれば、事実上の営業の場ともいえます。

接待と残業との関連でいえば、次の項目に当てはまるか否かが重要です。

① 自由意思で行くか行かないかが選択できない。
② 商談など、接待の場で仕事に強く関連する話し合いがある。

①②がともに当てはまる場合、**その接待は仕事の一部とみなされる可能性**が高くなります。例えば、上司に命じられて宴会場を手配し、当日は受付で参加者を迎え、会では司会を担当したり、仕事上のメールをその場で送信する場合は、仕事の色が濃くなります。そのため、時間外の接待であれば残業代の請求が可能と考えます。また、プレゼン後に顧客から直接フィードバックがあることを想定して、あらかじめ会食の場を設けることも仕事の性質が強いといえます。

一方で、接待が仕事としてみなされないケースもあります。ゴルフのように参加者にとってレジャー性が高いもの（64ページ）、取引先との関係強化のために自発的に行う飲み会などは、仕事との関連性が薄く、会社の指揮命令下にあるとはいえません。よって、時間外や休日に行われても残業代を請求することは難しいでしょう。さらに、コロナ禍で増えてきたビジネスランチも同様です。一日八時間という枠内でのことであれば、仕事に強く関連していても残業代は発生しません。[*1] 連日の接待は心身にも負荷がかかります。上司に対処法を相談してみましょう。

＊1 ただし、こうしたビジネスランチが仕事の性格が強い場合は、その時間とは別に会社は労働者に休憩を与えなければなりません。

第5章 賃金・福利厚生

相談 8

許可を得て副業中。二社で一日に計一〇時間働いていますが残業代は出ますか?

アドバイス

副業で発生した残業代は、あとから契約した会社が支払います。

Keyword 副業

一日のなかで二社にわたって仕事をする場合、問題になるのが残業時間です。労働基準法は一日の法定労働時間を八時間までと定めています。八時間は一つの会社ごとではなく、一人の労働者ごとに考えます。したがって、A社で八時間働き、同じ日にB社で三時間働くとすると、B社の労働時間はすべて時間外労働になります。

時間外労働における割増賃金は、あとから契約した会社が支払います。理由は、あとから契約した以上、先に契約している会社の存在を知ることができるからです。前述の場合、A社で法定労働時間の枠を使い切っているので、B社は割増賃金を上乗せした時給で給与を支払う必要があります。[*1]また、A社で一日五時間の契約で働く労働者がB社でも働く場合、一日八時間の枠内であれば時間外労働は発生しません。つまり、B社でも一日三時間までは割増賃金が発生せず、それを超えたところから時間外労働になって割増賃金が発生します。

この考え方は週四〇時間にも適用されます。例えば、A社で平日にフルタイムで働く人が土曜日にB社で働く場合、土曜日の労働はすべて時間外となります。この場合も、B社が割増賃金を上乗せした時給で給与を支払うことになります。

なお、個人事業主や、フリーランスとして業務委託で副業をするときは労働時間の概念の範疇外になります。なぜなら雇用ではなく、自分の裁量で仕事の受発注がコントロールでき、時間管理ができるためです。副業として働くときは、こうした観点も踏まえて仕事を選ぶとよいでしょう。

雇用契約で副業をする際の時間外とは、どちらが本業でどちらが副業なのかではなく、また報酬の多寡にもよらず「契約の前後関係」で考えます。雇用契約の順番は労働者本人の申告がなければ会社側ではわかりません。面接や応募の段階で、既に働いている会社があることはきちんと伝えましょう。

＊1　厚生労働省「副業・兼業の促進に関するガイドラインQ＆A」

相談 9

算定期間中に出勤したのに、産休中を理由に賞与が支給されませんでした。

アドバイス

男女雇用機会均等法や育児・介護休業法に違反の可能性があります。

Keyword 産休

前提として「賞与」は賃金とは異なり、法的な支払い義務はありません。支払うかどうかは会社の任意であり、利益が出た年だけ支払う方法や、業績悪化で支払いをやめることも合法です。ただし、就業規則に「毎年六月、十二月に賞与を支払う」というような記載があった場合は、労働者と会社の約束になるので、これが支払い義務の根拠になります。[*1] また、多くの会社は**賞与の支給日在籍要件**を定めています。つまり、支給日に会社に在職しているかが問われますが、休業中であっても在籍には変わりません。産休中の社員も賞与の支給を受けることができます。

会社の就業規則を確認するときのポイントは、賞与の支給要件です。賞与は一般的に算定対象期間（賞与の査定期間）における次の要素で査定されます。

① 会社の利益についての貢献の有無と貢献度
② 出勤率、欠勤・遅刻・早退などの回数といった勤務成績

相談者は算定対象期間に出勤していたので、①②とも条件を満たしているといえます。②の出勤実績に応じて減額されることは違法ではないものの、算定対象期間の一部が産休期間と重なっていることを理由としたり、賞与の支給日が産休中であることを理由に不支給とするのは、男女雇用機会均等法[*2]や育児・介護休業法[*3]の定める不利益扱いに該当します。なお、不支給はもとより、①②の査定において産休を取得したことで評価を低めることも不利益扱いとなります。就業規則や労働契約に賞与の支給要件や支給時期、計算方法が定められている場合は、労働の対償としての賃金に該当します。条件を満たしているにもかかわらず、賞与の支給がなかった場合は、支払いを求めて会社に抗議[*4]しましょう。

*1 「支払うこともある」場合、一定の条件を支給要件にしているときは、会社が賞与を支給しないことも許されます。

*2 男女雇用機会均等法第9条第3項

*3 育児・介護休業法第10条

*4 賞与を含む賃金の支払請求権は三年の時効があります。産休中や育休中で難しい状況もあると思いますが、早めに行動しましょう。

相談10

介護休職中、会社が社会保険料を立て替えましたが、復職後の給与から無断で天引きされました。

アドバイス

同意のない給与からの天引き控除は、労働基準法違反です。

Keyword 給与控除

大前提として、給与からの天引き控除は労働基準法で禁止されています。例外として認められるのは、次の三つの場合に限られます。

① 所得税、社会保険料、雇用保険料、住民税など、天引きについて法律に根拠のあるもの。

② 労働組合や従業員の代表と会社が文書を取り交わしていて、控除すると決めているもの。例えば、社員会の互助会費、社宅費、レクリエーション費など。また、それを就業規則に記載しておく必要がある。

③ 本人が天引きを同意しているもの。例えば、会社からの貸付金の返済な

ど。

①については社会保険料の控除は前月及びその月のみ許されるため[*1]、相談の「同意していないのに勝手に天引きされた」という状況は、会社が労働基準法違反をしていることになります。会社としては立て替えた社会保険料を早く返してほしくて天引き控除しているのでしょうが、無断で天引きされては本人の生活が成り立たなくなってしまいます[*2]。

このような場合、**会社に立替金を返す意思があることを伝え、天引きされた額を一旦返してもらえないか相談**しましょう。その際には、「いつまでに、いくらを返す」と具体的な返済スケジュールと金額を提案できると理想的です。

会社に直接相談しにくいときは、労働組合や労働基準監督署などの外部窓口に相談するのもお勧めです。会社が話し合いに応じる気配がなかったり、一旦返金すると言ったのにずるずると遅れているときは、こうした相談窓口を活用しましょう。

*1 厚生年金保険法第84条、健康保険法第167条、労働保険徴収法第32条など。

*2 労働基準法第24条には賃金全額払いの定めがありますが、その例外として次のように定められています。「法令に別段の定めがある場合又は当該事業場の労働者の過半数で組織する労働組合があるときはその労働組合、労働者の過半数で組織する労働組合がないときは労働者の過半数を代表する者との書面による協定がある場合においては、賃金の一部を控除して支払うことができる」

相談 11

会社のおやつ支給カルチャー。欲しくないときに断わりにくいです。

アドバイス

断って問題ないので、まずは会社に相談してみましょう。

Keyword 福利厚生

福利厚生としておやつを支給する会社は意外と多いようです。経営者からのお土産や来客からの頂きものを休憩時間に配ったり、置き型のお菓子ボックスを設置したりと支給方法もさまざまです。近年はお菓子のサブスクサービスもあり、バリエーションが豊富になってきました。

おやつは福利厚生に含まれますが、**福利厚生の対象者の範囲は合理的な範囲で会社が定める**ことができます。ですから、その範囲内の方であればおやつを受け取ることができます。

でも、労働者側の事情でおやつを食べたくない、または食べられない場合もあります。お腹が空いていないときに押しつけられても迷惑だし、アレルギーや服薬など健康上の理由で食べられないこともあるでしょう。

もし、休憩時間に社員全員で一斉に食べる「暗黙の了解」があるならば断りにくいものです。また、断ること自体が悪目立ちすることもあります。個装菓子ならともかく、生クリームたっぷりのケーキが置かれたりしては、持ち帰ることもできないため、扱いに困ることもあるでしょう。

こうした場合はおやつを断っても大丈夫です。法律的にはまったく問題ありません。

今回のケースでは、まずはおやつを手配している部署や担当者に相談することをお勧めします。案外、会社はこうした意見を想定していなかったりするので、新たな意見は貴重だと感じる可能性もあります。おやつを喜ぶ人が多いときは、支給されるおやつのルールに「持ち帰りができること」を加えてもらったり、同僚におやつを譲る権利を認めてもらうことを提案しましょう。全員にメリットがある変更は会社側も対応しやすくなります。

コラム

本当に欲しい福利厚生とは

就業規則と並んで「福利厚生制度」も、会社ごとの個性がよく表れると思います。

最近ではカフェテリアプランというものも出てきました。これは、会社から付与された一定のポイントの範囲内で、自分の好きなメニューを選ぶことができる福利厚生制度です。また、福利厚生制度を利用して、社会保険労務士に年金について相談する人もいます。こうしたバリエーションに富んだ内容を提供できると、労働者一人一人のニーズに細かく応えることができます。つまり、一律の福利厚生よりも満足感を得る労働者が増えるといえます。

福利厚生そのものを重要視して就職や転職をする人は少ないかもしれません。ただ、一律の福利厚生というのは、ライフステージの状況や変化によってはまったく利用しないこともあります。労働者自身が必要に応じた内容を選ぶことができるのは非常にフェアな制度設計であると感じます。

ちなみに、カフェテリアプランを採用している企業担当者に聞いたところ、その企業で最も利用が多いのは、家賃補助や昼食費の補助など金銭面でのサービスだそうです。もともとその企業では、保養施設と契約して、社員が年に一回は無料でそこを利用できる制度がありました。しかし、最近では利用する社員がほとんどいなくなったため、カフェテリアプランに変更したそうです。

福利厚生は労働者の満足度を高めますが、利用価値を感じられない福利厚生ではかえって不満の種になってしまいます。これからの企業は、社員のライフステージや価値観の変化に応じて使い分けられる福利厚生のあり方や工夫についてもより検討が必要になってくるように思います。

第6章

異動・退職・キャリア

相談 1

もうすぐ育休復帰する後輩が第二子妊娠の報告。何だか素直に喜べません。

アドバイス

助成金の活用も視野に、上司に相談してみてください。

育休は復帰が前提の制度なので、会社は休業者が戻ってくると考え、部署内の仕事を調整します。また、育休前に在籍していた部署に、育休前のポストで復職させることが原則です。それまでは部署内の人間で仕事を分け合う、他部署から応援を頼む、契約社員を採用して乗り切る、などの会社が多いと思われます。

育休は連続で取得できます。第一子の育休期間中に第二子妊娠がわかった場合、復帰せずに第二子の産育休を希望すれば、会社としては認めなければなりません。

さらに育休期間中は、雇用保険から「育児休業給付金」が支給されますが、

Keyword 育休

第二子の育児休業給付金の金額は復帰しないほうが有利に働きます。その理由は、復帰すると、第一子妊娠前の給与額ではなく復帰後の給与額をベースに計算されるからです。[*1] 子どもの体調不良で欠勤したり、フルタイムから時短勤務に変わる労働者も多いため、一般的に給与は育休の後より前のほうが高い傾向にあります。

加えて、出産時には健康保険から出産手当金の支給も受けられます。「第一子の育児休業給付金」と「第二子の産後休業に関する出産手当金」は同時に受給できるので、第一子の育休中に第二子を妊娠した場合は、連続して休業するほうが本人にとっての経済的メリットがあるのです。

とはいえ、**仕事の穴埋め側は仕事量を多く引き受ける**ことになります。休業者の休業期間が長引けば、穴埋め側の負荷は高まり、うつ病など労災リスクの発生や育休取得者に対するマタハラの温床になる可能性もあります。

新たなトラブルを予防するためにも、仕事量や分担については上司に相談しましょう。厚生労働省はこうした事態に対し、育休取得者の代替要員を手配した企業への助成金[*2]を用意しています。制度を活用し、職場内における仕事のしわ寄せが重くなりすぎないように注意したいものです。

＊1　厚生労働省「育児休業給付の内容と支給申請手続」

＊2　両立支援等助成金の出生時両立支援コース、育児休業等支援コースでは代替人員に関する加算金があります。助成金の内容はよく改定されるので、厚生労働省の最新のパンフレット等を確認しましょう。

相談 2

育休復帰面談で「人員補充したから異動して」と言われましたが、元の部署に戻りたいです。

アドバイス

休業前の部署で復帰することが原則ですが、例外も認められます。

Keyword 育休

育児休業から復帰するには、元の部署・元のポスト（原職）への復帰が原則になります。一方、保育園の入園可能な時期や、本人のライフプランの兼ね合いから、育児休業は長期間に及ぶこともあります。そうした状況に備えて、また休業期間中の他の労働者への負荷軽減のために、休業者に代わる人員補充は多くの会社でごく普通に行われています。法律*1では、原職への復帰を義務づけることまで会社に要求していません。就業規則に異動についての記載があり、かつ、原職復帰がどうしても難しい事情があるときは、最大限の配慮のもとに異動を打診することも許容されています。

相談のケースでは、まずは**補充された人を異動することが本来の対応**になるので、会社には元の部署での復帰希望を伝えたほうがいいでしょう。

しかしながら、休業中に始動した重要プロジェクトがあったとして、補充された人が主担当者になっていたとしたら、即時に異動させるのは難しいという会社側の事情も考えられます。仮に自分が異動することになれば、異動先はどんな部署か、どのような仕事を行うことになるのか、ポストは元の職位と同程度かなど、気がかりなことは事前に話し合いたいものです。復帰後はただでさえ育児と仕事の両立が求められるので、納得できるまで会社と調整をすることをお勧めします。

また、異動によって賃金が変動するときは、雇用契約の変更になります。たとえ本人にとって不利益な変更でも、異動に関する同意書にサインするなど、本人が同意したとみなされるような状況があれば、雇用契約の変更が適法に行われたと解釈されることもあります。不安な点や懸念な点は解消できるまで相談してください。

もっとも、会社に合理的な理由があっての異動であれば、適切な業務命令といえます。十分に納得できる説明があれば、最終的には会社に従う必要があるでしょう。

＊1　育児・介護休業法第10条で定める不利益取扱い禁止の例外として、厚生労働省は次のような場合は、妊娠出産等がきっかけでも不利益扱いの例外として認められるとしています。

①業務上の必要性から不利益取扱いをせざるをえず、業務上の必要性が、当不利益取扱いにより受ける影響を上回ると認められる特段の事情があるとき。

②労働者が当該取扱いに同意している場合で、一般的な労働者なら同意するような合理的な理由が客観的に存在するとき。

相談3

社内の昇進試験を何度受けても合格できないのは、育休を取ったから？

アドバイス

育休取得によって不利益に扱われることは禁止されています。

Keyword 育休

育児・介護休業法では、妊娠・出産等を理由とする労働者への不利益取扱いを禁じています。[*1]

不利益取扱いとは、妊娠・出産・育児休業等の出来事または申し出たことを「きっかけとして」、解雇や正社員をパートタイムにするなど労働契約の変更や、就業環境を害するなどを指します。また、昇進・昇格の人事考課において不利益な評価を行うことも含まれます。こうした不利益な取扱いは、例外に該当する場合を除き、原則として法違反[*2]となります。

「育休」と「昇進昇格」に不利益取扱いの関係性があるかは、**育児休業後の「最初の昇格試験」までの間に着目**します。もしこの時期に不利益取扱いがなされているならば、「育児休業をきっかけとしている」と判断します。例えば、育休を取ったことでそもそも昇進試験を受ける条件を満たせない、一律で定期昇給する規定があるのに育休を取った労働者だけが昇給できない、などの状況も該当します。このようなケースは、不利益取扱いとして禁止されます。[*3]

相談者は何度も挑戦したということですから、納得できない気持ちが強いと思われます。まずは会社に対して、合否の明快な基準を確認しましょう。そこで合理的な理由を開示されれば、会社は育休取得を理由に不利益な取扱いはしていないといえますが、そうでなければマタハラやパタハラの可能性もあります。私傷病休職と比べても合理的でないと思うときや、他の育休取得者と比較して納得できないときは、社内の相談窓口に相談することをお勧めします。

昇進試験は今後のキャリアアップの重要なステップの一つです。育休を取ったことで不当に昇進が遅れることのないよう、取得前には昇進昇格の条件や試験の合否基準を確認しておくといいでしょう。

＊1　育児・介護休業法第10条「事業主は、労働者が育児休業の申出をし、又は育児休業をしたことを理由として、当該労働者に対して解雇その他不利益な取扱いをしてはならない」

＊2　不利益取扱いの例外は169ページ参照。

＊3　医療法人稲門会（いわくら病院）事件（大阪高裁平成二六年七月十八日判決）

男性看護師が育休を取得したことを理由として定期昇給が一部行われなかったこと、昇格試験を受けられなかったことを違法とし、会社を訴えました。会社は敗訴し損害賠償を命じられました。パタハラを争点にした裁判として注目されています。

相談 4

思いがけず昇進を打診され、戸惑っています。断ったらペナルティはありますか？

アドバイス

就業規則上、規定があれば懲戒処分を受ける可能性があります。

Keyword 昇進

会社には自社の人事について一定の裁量権が認められています。ジョブローテーションを行う会社はこの権利に基づいて人事計画を持ち、昇進もそれに含みます。特に総合職は、将来の幹部候補として期待される存在であり、昇進を前提に採用されているともいえます。

しかし、昇進は労働者にとってメリットばかりではありません。例えば、管理監督者になることで残業代がつかなくなったり、責任範囲が広く重くなり、今までとは異なる能力を要求されることから、昇進を敬遠したいと考える人も増えてきました。博報堂が「気楽な地位派vs責任ある地位派」でどちらがいいかを調査[*1]したところ、「気楽な地位」を選んだ人は84%に上りました。今後も、昇進に戸惑う人は増えていくと考えられます。

しかし、会社は事業の発展のため、**労働者に多くのポストを経験させて、活躍の場を広げてほしい**と思っています。見込んだ労働者にはより多くの経験を積ませ、さらに活躍させるため、業務命令として昇進を行うのです。

一般的に、昇進は辞令に先立って内示があります。就業規則に昇進についての定めがあり、また労働者側も総合職のように昇進することを当然として採用されている場合、労働者には昇進を受ける義務があるといえます。ただし、育児や介護、健康上の事情によって昇進に懸念があるときは、それを伝えることで会社に配慮させることができます。[*2] 仮に、保育園の開所スケジュールを理由に土日の勤務ができないときはあらかじめ内示段階で伝えておくべきでしょう。

しかしながら、正当な理由なく打診を断ることは業務命令違反にあたります。就業規則に昇進拒否を理由とした懲戒処分について記載があり、会社が労働者側の都合に応じて調整してもなお受諾しないときは、処分される可能性もあるのです。

＊1 博報堂生活総研「生活定点一九九二－二〇二二」

＊2 労働契約法第3条第3項「労働契約は、労働者及び使用者が仕事と生活の調和にも配慮しつつ締結し、又は変更すべきものとする」

相談
5

一カ月後に退職したいと届け出たら、後任者の採用まで待ってほしいと言われました。

アドバイス

原則として、引き止めに応じる義務はありません。

Keyword　退職

採用が困難な業界や、人手不足の会社・業界では引き止めが行われること も少なくないようです。しかし、**基本的に引き止めに応じる義務はありません**。正社員のように期間の定めのない雇用契約の人は、民法の規定[*1]により、二週間前に申し出れば退職できることになっています。

ただし、二週間では十分な引き継ぎや人員確保が難しい場合の会社事情を考慮し、就業規則で退職申し出の時期を別に定めることも許されています。

また、月給制の場合は、賃金計算期間の前半までに申し出をすることになっています。

こうした法の定めもあり、退職希望日の一カ月前に申し出るという規定の会社が多いようです。規定があれば、退職届を出してから一カ月～二週間の範囲において、実際の退職日を会社と調整することになります。

年棒制で給与が支払われる場合は、申し出の期間を三カ月以上前に設定することができます。したがって、労働契約が年棒制であれば、三カ月間は引き止められる可能性があるでしょう。

一方で、労働契約に期間の定めがある場合や、一定のプロジェクト期間の就労を条件として採用されている場合は、原則としてその契約期間が満了するまでは退職できません。更新を希望しないという形で退職することはできますが、期間中の退職意思に会社が応じる必要はないのです。もちろん原則には例外があり、退職時点で一年を超えて働いている場合や、やむを得ない理由のある場合は退職することが可能です。

労働契約は労働者と会社の約束です。当事者間での合意があれば退職できますが、期間契約のある労働者は、期間の定めのない労働者に比べて辞めにくいといえます。相談のケースも、雇用契約の期間の有無や、給与が年棒制か月給制かを確認のうえ、会社に申し出るとよいでしょう。

＊1　民法第627条
「当事者が雇用の期間を定めなかったときは、各当事者は、いつでも解約の申入れをすることができる。この場合において、雇用は、解約の申入れの日から二週間を経過することによって終了する。
2　期間によって報酬を定めた場合には、使用者からの解約の申入れは、次期以後についてすることができる。ただし、その解約の申入れは、当期の前半にしなければならない。
3　六カ月以上の期間によって報酬を定めた場合には、前項の解約の申入れは、三カ月前にしなければならない。」

相談 6

会社負担で資格取得後、予定が変わり転職することに。費用を返せと言われたら？

アドバイス

現職での仕事に必要な資格であれば、返還義務はありません。

Keyword 転職

会社が、社員の自己啓発や資格取得の費用を補助・負担をすることは広く行われています。厚生労働省の調査では、従業員の資格検定支援として費用を援助する企業は8割を超えました。[*1] 仕事で必要な資格もあれば人材育成など、支援の目的はさまざまです。昨今の採用市場では「いかにその会社で成長できるか」を重視する学生が増加傾向にあり、優位性獲得のためにも支援に力を入れる会社はますます増えていくでしょう。

結論からいえば、次の条件を満たしていれば、資格取得後に転職・離職しても労働者に費用返還の義務はありません。

① 仕事を行う上で必要なために、業務命令で取得した場合
② 資格取得に要する費用を会社が「負担」していた場合

まず、**仕事で必要な資格の取得費は会社負担**になります。資格を取った後、「○年以内に離職した場合は、費用の全額または一部を返還する」という規定がある話もよく聞きますが、これは労働基準法第16条違反[*2]に問われる可能性があります。問題になるのは、労働者の自由意思で資格を取得した場合や、資格取得費用を会社が労働者に「貸し付けている形」の場合です。ある大手企業社員が、社外研修制度による海外留学から帰国後に退職した例[*3]では、会社の費用返還請求が認められました。会社の費用貸与制度が、制度利用後の一定年数を経過すれば支払いを免除するとしていたからでした。一方、同じ海外留学であっても科目選択に会社の意向が反映されたり、専攻分野が仕事と関連性が高いときは労働者に返還の義務を要しないとした判例[*4]もあります。このように費用貸付の形でも、仕事との関連性が強ければ返還しなくていい可能性が高くなります。制度利用時は仕事との関連度合いや費用の支出方法を確認しておきましょう。

＊1 厚生労働省 令和元年度「資格・検定等の人員配置、昇格及び賃金への反映状況等に係る実態調査」取りまとめ

＊2 労働基準法第16条（賠償予定の禁止）
「使用者は、労働契約の不履行について違約金を定め、又は損害賠償額を予定する契約をしてはならない」

＊3 大成建設事件（東京地裁令和四年四月二十日判決）

＊4 新日本証券事件（東京地裁平成十年九月二五日判決）

相談 7

退職の意向を伝えたら、退職日までの有休消化は認めないと言われました。

アドバイス

労働者による有休消化の申し出を、会社が拒むことはできません。

Keyword　退職

退職時の年次有給休暇の取得について、基本的に会社が拒むことはできません。ただし、退職日が確定していて引き継ぎが間に合わないなど、仕事に支障が出るときは、それを理由として有休消化を拒むことがあるようです。

したがって、退職前に有休消化をするには、残りの期間を考慮して、**早めに会社に退職意向を伝えること**が大切です。相当程度前に申告しているにもかかわらず拒まれるときは、労働基準法違反になります。外部の相談機関を活用しながら権利を認めてもらいましょう。

なお、消化しきれない有休の買取を行う会社もあります。有休は労働者の心身の休養を目的とした制度であり、原則として買取は認められていません。しかし、例外として「有休が消滅時効にかかっているとき」と「退職時」には許容されます。この場合でも、買取自体は義務ではないので、労働者側から無理な請求はできません。退職時に未消化の有休買取をすると就業規則に記載があれば申し出てみるといいでしょう。

また、買取価格に法的根拠はなく、会社が自由に設定できます。よくあるパターンは、月の給与を所定労働日数で割った金額を支給する、または一律で買取単価を定めるというものです。

それ以外では、有休消化中に新しい会社で働いてもいいのかという相談もよく寄せられます。結論から言えば、現在在籍中の会社と新しい会社の双方の了解が得られれば可能です。ただし、雇用保険は二重加入ができないので、その日程をどうするのかといった問題が生じます。また、健康保険と厚生年金保険は、二つの会社での重複加入は不可能ではないものの、保険証を一度返して切り替えることになります。短期間であれば、どちらか一方で加入するのが現実的な選択となるでしょう。*1 その場合、加入日付については各会社の考え方によって異なるので、事前によく相談しておくことが必要です。

＊1　二カ所での社会保険（健康保険・厚生年金保険）の加入になった場合、「所属選択・二以上事業所勤務届」を提出します。この届出にはもともと交付されていた保険証を添付し、再度それぞれの会社での資格取得をして、主たる事業所として選択した会社から新しい資格に基づいた保険証の交付を受けます。この切り替えには一カ月弱かかることもあるため、退職までの期間が短い場合は退職日を調整して対応することになります。

相談 8

先輩が転職します。担当顧客のリストを持ち出すのは問題ないですか？

アドバイス

秘密保持契約を結んでいてリストが秘密情報にあたる場合は、損害賠償を要求されるかもしれません。

Keyword 転職

ある調査[*1]によると、企業の情報漏洩ルートの一位は中途退職者（正規社員）による漏洩（36・3％）であり、企業の守秘義務情報対策は重要課題になりつつあります。とりわけ**退職者を原因とした情報漏洩は意図的なものであり、企業にとって大きな利益損失の原因**です。したがって、一定条件の情報については不当競争防止法の対象として漏洩者に厳しい罰を科しています。

「一定条件[*2]」とは持ち出された情報が、①秘密として認識されるような方法で管理され、②会社としての事業活動に有用な技術や営業情報であって、③公然と知られていないものである、というものを指します。相談者の先輩がこの条件を満たすリストを持ち出した場合は、差止請求・廃棄除却請求、損害賠償請求といった訴えを会社から起こされる可能性があります。

こうした情報漏洩を防ぐため、退職時に元労働者に対して秘密保持契約を取り交わす会社が増えています。これは労働契約上の義務として締結するものです。また同様の効果を期待して、就業規則に「退職後も秘密保持を義務づける」規定を置く会社も多数あります。

しかし、規定を根拠に、実際に損害賠償責任を求めることは難しいといえます。なぜなら会社が損害についての因果関係を立証する必要があるからです。たとえ新しい会社で今までの顧客とつながったとしても、新旧の会社で偶然に顧客層が重なった可能性は否定できません。そのため、顧客リストを持ち出したかを確認するのは、現実的には相当に困難なのです。

一方で、リストに会社経営の根幹となる情報がある場合は別です。例えば、顧客ごとの販売単価など、それがあれば転職先で顧客獲得に有利になる情報が記載されているリストであれば、損害賠償が認められる可能性[*3]があります

＊1　独立行政法人情報処理推進機構「企業における営業秘密管理に関する実態調査二〇二〇」
＊2　経済産業省「営業秘密管理指針」
＊3　ダイオーズサービシーズ事件（東京地裁平成十四年八月三十日判決）
ルート営業をしていた社員が顧客リストを持ち出したとして、会社が損害賠償を求めました。裁判所は、会社が労働者に提出させた誓約書が「重要な秘密」を例示したものであり、同社員が持ち出したリストの記載情報はそれと同程度の内容を含むとして、会社の請求を認めました。

相談 9

契約期間の途中なのに、会社からクビにすると言われました。

アドバイス

やむを得ない事由がない限り、契約期間途中の解雇は認められません。

Keyword 解雇

契約期間の途中で解雇が有効に成立するためには「やむを得ない事由」がある場合に限られます。[*1] なぜなら、労働者はその期間に働いて給与を得るという期待を持っているからです。期間の定めがある雇用契約で働いているときは、期間の定めがないときに比べて、より厳しく**「なぜ途中で契約を解除が必要なのか」という理由を問われる**ことになります。

過去の裁判で、やむを得ない事由として認められた例は限られています。また、数少ない例のほとんどが労働者側に非があると判断されています。例えば、繰り返しの無断欠勤や顧客・同僚に対しての威圧的なふるまい、会社から注意を受けても改善されなかった事例では、裁判所は契約期間中の会社

の解雇を有効と認めました。[2・3]

この「労働者に非がある」とは、常識的に考えて当然である状況を指します。言い換えれば、能力不足を理由にした解雇は認められない可能性が高いのです。仮に能力が本当に不足していたとしても、契約期間の満了まで待てないほどの重要な理由かという観点で判断されます。同じく、私傷病を理由とした解雇も無効になる可能性が高いでしょう。

また、当然更新されるだろうと期待できる状況の場合は雇止めに関して制限がかかります。労働者は既に契約更新の実績があったり、自分と同じ契約で働く労働者の大半が更新されているときは、自分も更新されるという期待をもって働きます。契約期間の満了にあたり、労働者が契約更新を希望しているのに叶わない状態を一般に「雇止め」といいますが、更新を期待させている状態で雇止めすることは許されず、同一の契約が更新されることになります。[4]

なお、三回以上更新されている場合や、一年を超えて継続勤務している労働者の契約を更新しない場合、会社はその旨を三十日前までに予告する必要があるとされています。

＊1　労働契約法第17条

＊2　共栄セキュリティーサービス事件（東京地裁令和元年五月二八日判決）
業務上の命令・指示に理由なく従わず、三カ月以上の長期にわたり就労拒否を継続した労働者に対して、契約期間中の解雇を有効と認めた例です。

＊3　メディカル・ケア・サービス事件（東京地裁令和二年三月二七日判決）
会社からたびたび注意を受けていたにもかかわらず、入居者に暴言を繰り返し、同僚に対しても威圧的な言動をしていた労働者の解雇を認めた例です。

＊4　労働契約法第19条

相談10

入社前に健康診断書を提出。過去の病気がわかったら、内定取り消しになりますか?

アドバイス

治癒していれば、それを理由とした内定取り消しがあっても無効になる可能性が高いです。

Keyword 内定取り消し

入社時に健康診断の結果を提出した人は多いでしょう。これは労働安全衛生法の規定に関係します。労働者が受診後三カ月以内の健康診断結果を提出した場合、会社が雇い入れ時の健康診断を省略できるという条項[*1]があるのです。

この健康診断の検査項目は心電図など十一あり、過去の病歴の調査も含まれます。でも、個人情報にあたる病歴は隠しておきたい人も多いかもしれません。

一方で、入社時の健康診断には、労働者の健康状態を企業が把握し、適切な配置や就労環境を実現する、という目的があります。

例えば、製薬や食品のメーカーでは、目で見てもわからない形状のアレルゲン物質を扱うことがあります。もし、アレルギーのある労働者が知らずにその業務についてしまうと、重篤な健康被害が出るかもしれません。そのため、健康診断結果を確認し、あらかじめそうした部署に配置しないか、就労時に配慮する、などの対策が企業の責務[*2]として課されています。健康診断に情報がなければ配慮することができず、企業に責任を問うことも難しくなるので、既往歴欄には正直に回答しましょう。もちろん、健康診断の結果は要配慮個人情報です。社内でも限られた立場の人が限定された用途で見るべきもので、情報の取扱いには十分な配慮と秘密の厳守が求められます[*3]。

内定取り消しの有効性は解雇の有効性と類似の枠組みで判断されるので、「客観的に合理的な理由」がなければ認められるべきものではありません。今回は既に治癒している過去の病気についての心配ですから、現在の就労に影響はありません。この病歴を理由とする内定取り消しは認められないといえるでしょう。

＊1　労働安全衛生規則第43条

＊2　企業の安全配慮義務は労働契約法第5条に規定されています。

＊3　個人情報保護法で守られるべき情報は多く、厚生労働省は「雇用管理分野における個人情報のうち健康情報を取り扱うに当たっての留意事項」という通知を出しています。このなかに、健康情報の取扱いには特に配慮を要すること、労働者の健康確保に必要な範囲を超えて、これらの健康情報を取り扱ってはならないと規定されています。

相談 11

入社時に「退職しても同業他社に就職しない」という誓約書を書かされました。

アドバイス

退職時の地位や、扱っていた情報の種類によって判断されます。

Keyword 退職

在職中、労働者は労働契約法で定めるところにより、会社に対して誠実にその義務を履行する必要があります。このなかには競業禁止、つまり在職中の会社の競合企業に属したり、そのような企業を自ら興したりすることの禁止も含まれると解されます。しかし、退職後はこの義務が及びません。そのため、会社は自社の営業上の秘密を守るために、「就業規則」や「誓約書」で退職後の競業禁止義務を課そうとするのです。ところが、**憲法は職業選択の自由を保障する**ので、こうした制限は無制限に認められるわけではありません。次のような一定の範囲内で認められるとしています[*1]。

①技術的な秘密や、営業上のノウハウ等に係る秘密、多数回にわたる顧客への訪問や長期間の地道な営業活動の成果である顧客情報など企業運営上の重要な情報かどうか。
②競業禁止義務の対象者がその情報を扱える立場にあるかどうか。
③競業先のエリアについて地理的な限定がある場合は合理的なものかどうか。
④競業避止義務の存続期間が一定期間かどうか。特に一年を超える場合はそれに足る理由があるかどうか。
⑤もともとの顧客への営業行為など、禁止している活動内容や業種についての妥当性はあるかどうか。
⑥競業先において優遇されるような措置があるかどうか。

条件に当てはまる場合、一定の競業禁止規定は認められるものと考えられます。また、在籍元の会社が禁止への対価として金銭を支払う場合も有効性を考慮されます。もっとも、「同業他社に就職しない」という漠然とした制約では条件④や⑤に該当する情報はないので、競業就職を禁止することは事実上難しいでしょう。

＊1　経済産業省「競業避止義務契約の有効性について」

上司が突然「明日から来なくていい」と言いました。これってクビ？ 本当に行かなくていいの？

アドバイス

曖昧な言い方をされたら、その意図を確認しましょう。

Keyword 解雇

急に「明日から来なくていい」と言われたら、びっくりしますね。まずはその意図を確認することが重要です。

というのは、それは**出勤停止命令なのか**、**解雇の意思表示なのか**、**パワハラとしての発言なのか**が判然としないからです。まずは社内のハラスメントに関する相談窓口か人事部を通じて事実を伝え、上司の発言意図を確認してもらいましょう。このとき、具体的にどんな状況でどのように言われたのか、整理して伝えるとよいでしょう。

もし出勤停止命令であれば、労働者としての身分は失わず、自宅待機命令になったとも解されます。一方で、テレワークができる場合は在宅勤務命令

＊1　これを解雇予告手当とい

とも受け取れます。解雇の意思表示としての発言だとすると、即時解雇に該当すると解釈されます。その場合、会社は少なくとも三十日分の平均賃金を支払う必要があります。[*1] パワハラだとすれば解雇までの意図はなく、嫌がらせの可能性が高いといえます。

上司がこのような発言をしたとき、言葉通りに会社を休んでしまうと、場合によっては退職勧奨を受けた、つまり相談者が自主的に辞めることに同意したと受け取られかねません。また、休んだことを無断欠勤として扱われる可能性もあります。こうしたリスクに備えるため、まずは上司の発言をきちんと会社に伝えることが大事なのです。ハラスメントの窓口を通すのは、今後、繰り返し同じことが起こらないように注意喚起をしておくためです。また、万が一、同じような発言が繰り返されても、相談履歴を残しておけば自分の身を守ることにつながります。そのうえで具体的な行動、すなわち翌日も出勤するか否かの判断を会社に委ねることが必要です。

裁判[*2]においても、どのような状況での発言かによって判断が揺れることがあります。曖昧に受け取れる場合は自身の不利にならないよう、必ず会社を巻き込んだ対応を取りましょう。

*1 労働基準法では解雇日と解雇の意思表示をされた日との間隔が三十日以下であった場合は、その日数分の平均賃金を支払う必要があるとしています（第20条）。平均賃金は原則として直近の賃金締切日から起算して三カ月間に支払われた給与の総支給額をその期間の暦日数で割って算出します。

*2 伊勢安土桃山城下街事件（津地裁伊平成三一年三月二八日判決、名古屋高裁令元年十月二五日判決）

上司の「明日から出社しなくてよい」という発言をめぐる解釈が裁判所でも揺れた例です。地裁では出勤停止命令と受け取れる発言だと解釈されましたが、高裁では解雇の意思表示である意図は明確だと解釈されました。

コラム

ガラスのハイヒール

女性の社会進出を阻害する「目に見えない制限」があることを「ガラスの天井（Glass ceiling）」といいます。ガラスという透明な天井が邪魔をしているという意味で、組織内で昇進に値するような能力の高い人材が、性別や人種を理由に、不当に低い地位に据え置かれることを指します。

ところで、スイス非営利財団世界経済フォーラムが二〇〇六年から発表している「ジェンダー・ギャップ指数」というものがあります。これは世界各国の男女格差を数値化したもので、二〇二二年の結果において、日本の順位は一四六カ国中の一一六位でした。先進国の中では最低レベル、アジア諸国の中では韓国や中国、ＡＳＥＡＮ諸国よりも低い結果であり、日本の女性の社会進出は大きな課題になっています。

こうした状況に対し、組織では女性を優先的に管理職に登用する動きが出てきました。それを揶揄して「ガラスのハイヒール」と呼ぶことがあります。これまでの組織において、男性は男性というだけで一種の下駄を履かされていたといえますが、その状況を無視した男性側の「女性はハイヒールほどの加点をしてようやく管理職になれる」という意識が見える言葉です。

しかし、女性自身もこの現象を歓迎しているわけではありません。女性管理職たちは、自分が女性だから優遇されているのだと思われたくはないこと、ポストにふさわしいから昇進するのであると考えたいのです。また男性側も、優遇されていたのは過去の男性であって、現代社会を生きる自分が優遇されているわけではないために、こうした処遇に不満を持ちやすいということもあります。

双方の思いを知れば知るほどに、透明性の高い人事評価制度がいかに重要かを痛感します。性別に関わらず、本人のキャリア観に基づいて仕事ができる状況をつくり出すことがこれからの組織に問われる課題です。

付録1 困ったときの相談先

会社と契約上のトラブルがあったり、ハラスメント行為があったときに社外で相談できる場所を紹介します。

①から④は、無料で相談できる窓口です。無料相談は公的機関が対応してくれる安心感がある反面、なかなか迅速な問題解決には結び付きにくいのが現状です。

⑤と⑥は、直接、課題解決にアプローチできる有料の相談窓口です。窓口によってできること、得意なことが違うので、相談内容や希望する解決策に応じて使い分けてください。

①労働基準監督署 無料

「労働問題の相談先」というと多くの人が思い浮かべる機関だと思います。

しかし、労働基準監督署は個別具体的な問題の解決をする機関ではありません。著者のところにも「労基署に相談したけど、何も動いてくれなかった」というお声が多く寄せられます。誰にも相談できないから労基署に行ったのに……とがっかりすることもよくあるようです。

ただ、これは労働基準監督署がやる気がないということではなく、労働問題には労働基準監督署で取り扱うのは適切でないケースがたくさんあるという事情があまり知られていないからだと思います。

労働基準監督署で扱える問題は、労働基準法をはじめ、労働関係法令への違反に限定されます。ですから、労働基準法に規定のある「残業代の未払い」などは対応してもらえますが、それは是正勧告などの形で行われます。相談者の個別相談に直接対応を求めるよう企業に働きかけるものではありません。

また、労働関係法令に関する違反があったとしても、優先順位が低いとみなされた場合は対応してもらえないこともあります。匿名で電話をしたり、証拠がなかったりすると労働基準監督署も動くことができません。相談をするときは、証拠を整理し、時系列ごとに事実を伝えるなど調査してもらうための工夫が必要です。

なお、相談が受理されたあと、労働基準監督署で必要があると認められれば、対象企業は調査されます。調査は出頭で行うもの、監督官が現地調査をするものに分かれ、現地調査も予告調査と抜き打ち検査に分かれます。調査では違法性の有無や程度について確認されます。内容に応じて是正勧告書や指導票などの書類が交付され、改善を求められますが、明確に改善されなかった場合は書類送検の手続きが取られることになります。

②総合労働相談コーナー 無料

各都道府県労働局、全国の労働基準監督署内に設置されている無料の相談窓口です。全国三七九カ所に設置され、解雇、雇止め、配置転換、賃金の引下げ、募集・採用、いじめ・嫌がらせ、パワハラなど、あらゆる分野の労働問題を対象としています。また、多言語対応している相談コーナーや、学生でも相談ができるなど、カバー領域が広いのも特徴です。

この相談窓口では相談を聞き取ることに力点が置かれ、「何が問題なのか、どのように解決したいのか」という情報整理を手伝ってくれます。その内容に応じて、企業に対する助言や指導に移行したり、法テラスなどの連携機関を紹介するサービスがあります。

ここでも直接の課題解決が図られるわけではありませんが、相談したという実績ができ、内容によっては企業にアプローチをしてもらえます。さらに、解決しない場合にはあっせん（簡易裁判のような方法・202ページ）ができます。悩みがあるときには一度は訪れてほしい機関です。

③ 法テラス 無料

法テラスは法務省が管轄する法律相談窓口です。法制度に関する情報と、相談機関・団体等（弁護士会、司法書士会、地方公共団体の相談窓口等）に関する情報を無料で提供しています。法テラスは民事・刑事のどちらの領域もカバーしているので、「そもそもどこに相談していいかわからない」「誰に相談していいかわからない」

という人にはぴったりの窓口です。

収入など一定の要件に該当する人は、弁護士や司法書士による無料の法律相談を受けられたり、弁護士または司法書士費用の立替えが利用できます。通常、こうした専門家への相談料は、三〇分で5千円程度です。その費用を気にせずに相談できるという点で、非常に心強いサポート体制といえるでしょう。

④弁護士会や社会保険労務士会が開催する無料相談会 無料

弁護士や社会保険労務士（以下、社労士）の業界団体である弁護士会、社労士会では無料相談を行っており、そこで相談することもできます。

例えば、日本弁護士連合会のインターネットサービス「ひまわり相談ネット」では、全国の法律相談センターを予約することができます。各県の弁護士会では、面談もしくは電話による無料相談の機会を設けているので、お近くの弁護士会のホームページで開催日時を確認してみてください。

社労士会も同様に、各県の社労士会が無料相談窓口を置いています。ハラスメントや解雇といった労務関係のトラブルから、人材育成や採用など企業側の相談に加え、自分の年金についての相談にも応じてもらえます。特に、毎年十月は「社労士制度推進月間」として出張相談会も開催されます。大型ショッピングモールなどで開催することも多いため、自分が行き慣れている場所で無料相談を受けられます。

こうした専門家の業界団体主催の相談会を利用するメリットは、「こういう資格を有する人に相談すべきことはわかったけど、具体的に誰がいいかはわからない」というときに、実際にその専門家に相談できることです。相性がよく、信頼できる士業と出会えればその人に引き続き依頼することができます。または、「こうした問題に詳しい人を紹介してください」と頼めるようにもなります。著者が所属する愛知県会ではベテランの専門家も無料相談会に参加し、相談内容の軽重を問わず、親身にアドバイスをしています。

⑤労働組合（ユニオン） 有料

残業代未払いなど、当事者が複数人で会社と争うような場合は、労働組合を頼ることも選択肢の一つです。

労働組合には憲法で保障された団体交渉権があり、「企業は労働組合からの交渉には必ず応じなければならない」としています。個人での交渉は、企業に交渉テーブルにつかせること自体が大きなハードルとなるので、労働組合の団体交渉権は非常に強いカードとして使うことができるでしょう。

労働組合がない会社でも、最近では労働者が個人的に加入できる個人組合・個人ユニオンが増えています。ただし、通常は組合費がかかり、紛争が解決したあとにも負担金のような費用を支払うことが一般的です。

さまざまな労働組合やユニオンが存在しますが、自分にとって一番いい解決策を模索してくれる組合の探し方として、注意してほしいポイントを紹介します。

まず確認したいのは、どのような姿勢で運用しているのか、紛争の解決方法として何をよいとしているのかなど、「労働組合としての考え方」です。多くの労働組合はホームページを持っています。面談を加入要件としているところも多いので、気になることがあれば、加入前に確認してみましょう。労働組合ごとに解決金の獲得実績も異なります。自分が加入しようとしている労働組合がどのような姿勢を取っているのかは遠慮なく確認しましょう。

また、どのような人を組合員として迎え入れているのかも、選択するときのポイントです。パートタイマーやアルバイト、非正規の人を対象とした労働組合や、特定の職業の人を対象としている労働組合もあります。自分と近しい環境の人が多い労働組合のほうがたくさんの情報を持っていることが多いので、選択肢に入れておくといいでしょう。

最後に、活動に対してどの程度のコミットメントを求めてくるのか、組合加入後の費用負担や、組合として日々どのような活動をしているのか、総合的に情報を集めて選んでください。

⑥専門家（社労士、弁護士など） 有料

迅速な解決を望む場合で、かつ費用がかかってもいいときは、専門家に相談するのが最も早い方法になります。労働問題については、弁護士か社労士に相談することになるでしょう。

こうした専門家に相談するのは有料であることが一般的です。相談のたびに有料とする、その後の手続きの依頼では相談は無料とするなど、専門家によっても違います。

弁護士の扱う法律は多岐にわたります。事業承継によるトラブルなど、労働問題

だけではない問題が絡む場合は弁護士に、労働法や社会保険法令に関する問題は社労士に、と使い分けることをお勧めします。また、弁護士には交渉代理権がありますので、自分に代わって相手方に対応してほしいときは弁護士を頼るとよいでしょう。社労士も選択肢に入れる理由は、複数問題が絡む場合は弁護士のほうがカバー領域は広いものの、すべての弁護士が労働法に詳しいわけではないからです。社労士は相談者の話を聞いたうえで、より必要なサポート領域の専門家、例えば、ファイナンシャル・プランナーや弁護士を紹介することもあります。

専門家を選ぶには、法人か個人かなど、組織形態による違いもあります。一般論として、弁護士法人や社労士法人などの法人では、複数人の専門家が所属していますす。そのため、カバーできる領域が広いというメリットがあります。一方、個人で開業している専門家は、基本的にすべての業務の責任者になるので、責任の所在が明確であるという安心感が得られます。

いずれにしても、デメリットはその専門家が不得意とする領域では、期待したような効果は得にくいことです。そうしたときに、違う領域の専門家を紹介してくれるかどうかは重要な判断基準の一つになります。

自分に合う専門家を探すコツは、ホームページに記載がある取扱い業務を見比べることです。企業側に立つ専門家であれば企業向けのメニューが上にあり、労働者側に立つ専門家は労働者向けのメニューを目立つところに掲示しています。一般的に、社労士は企業寄りの立場をとることが多いので、労働者側の社労士を探すときにはメニューを参考にしてみてください。

また、ホームページである程度の目星がついたら、その専門家の名前を検索するとよいでしょう。SNSで交友関係もある程度わかりますし、メディア等で記事を書いていたりシンポジウムに登壇していたりする場合は、その分野において一定の知識があると考えられます。ただし、その内容が自分の期待する方向性と違うときは避けたほうが無難です。

弁護士に紛争解決を依頼した場合、着手金と成功報酬の二回に分けて請求があることが一般的です。着手金が無料でも成功報酬の割合が高かったり、解決できなかったときも一定額の手数料を求められることがあるので注意しましょう。社労士の場合は、支援領域や内容によって費用の額が異なります。相談時にはそうしたことも確認することをお勧めします。

付録2 トラブル時の解決手段

残業代を払ってもらえない、解雇されたが納得できない、パワハラがあったのに会社が認めない……そんな会社とのトラブルが起こったときに労働者が知っておくべき三つの解決手段を紹介します。

①あっせん制度を使う

「あっせん」とは、個々の労働者と事業主との間で起きた労働をめぐるトラブルの解決方法の一つです。ここでは代表的な例として、労働局が行っているあっせん制度について説明します。

労働者と会社との間で、賃金、解雇、配置転換など労働条件に関係してトラブルが発生したときは、まずは当事者間で解決を目指すことになります。しかし、それがうまくいかないときにまず考えたい制度が、あっせんです。あっせんは即日で終了し、当事者以外には公開されず、無料で利用できるため、労働者にとっては非常に負担の少ない制度といえます。

あっせんを希望する場合は、職場のある都道府県の労働局に申し込みます。申し込みをするときは、自分の主張を裏づける証拠を持参してください。例えば、自分の勤怠情報が書いてあるメモや、解雇までの経緯がわかるように流れをまとめてあると話がスムーズです。

あっせんが受理されると、相手方に対して事前調査が行われます。事前調査は紛争の内容や主張を確認するために行うもので、これ自体で何かが判断されることはありません。この時点で、申請書の写しも相手方に送られます。

あっせん制度の最大の特徴は、事前調査および出頭に応じるかどうかは相手方の任意であるということです。つまり、相手方が応じる義務はなく、拒否することもできます。もちろん、拒否された場合は次のステップとして、労働審判等に進むことが可能です。

あっせんに相手方も応じることになったら、あっせんの日付は、労働者・会社双方の都合のよい平日を選んで行われます。所要時間の目安は三時間程度です。会場では労働者側と会社側がそれぞれ別室に入り、顔を合わせる必要はありません。

あっせんが始まると、紛争調整委員会が中立な立場で労働者と会社の言い分を聞き、解決策を探ります。あっせんに立ち会う紛争調整委員会の委員は、弁護士や社会保険労務士などが務め、片方の立場に偏らないように配慮します。

基本的にあっせんでは、金銭的解決を目指します。例えば、解雇が不当だと主張する場合は、「仮に解雇されなかったら受け取ることができた給与の金額」を提示してあっせんを開始します。あっせん員の見解としてはいくらが妥当か、会社の言い分としていくらまでだったら払えるのかという観点で調整していくのです。

なお、あっせんでは行為の事実認定や検証はしません。あくまでも双方がその事実を「どう判断しているのか」という主張に基づいて、和解策を探ります。

和解の合意ができると、合意書などを締結して終了します。どうしても解決に至らない場合や、そもそも相手方があっせん当日に来ない場合は打ち切りとされます。

あっせんは労働局以外に、労働委員会が行うもの、社労士会労働紛争解決センターが行うものもあります。これらは一部有料の場合もあるので、利用前には費用を確認しておきましょう。

＊＊＊＊

あっせんが打ち切りになり、なおも会社と争う意思があるときは、次のステップを検討することになります。すぐに訴訟に行くこともあれば、弁護士を通じて任意の交渉を行うことも可能ですが、ここでは労働審判を行う場合について説明します。

②労働審判制度を使う

「労働審判制度」とは、裁判所の労働審判委員会による簡易的な訴訟行為です。通常の裁判と比べて低額で利用できること、原則として三回以内の期日で審理を終えることになっているため、迅速な解決が期待できます。また、裁判と異なり、非公開で行われます。

労働審判は労働審判官一名と労働審判委員二名で組織され、労働審判官は裁判官が務めます。労働審判委員も労働問題のプロフェッショナルが担当するので、中立・公平な立場で事件を判断してくれます。

労働審判を希望する場合は、地方裁判所に申立書を提出します。申立書には申立ての趣旨や理由を記載し、その根拠となる書類も併せて提出します。申立てには申立手数料が必要で、収入印紙で納付します。金額は訴訟額に応じて変動し、例えば3百万円の支払を求める申立てでは1万円の収入印紙が必要です。申立手数料は同額で訴訟する場合の半額に設定されており、労働者の負担軽減が図られています。

労働審判の申立てが受理されると、特別の事由がある場合を除いて、申立てがされた日から四十日以内に第一回の期日を指定され、当事者双方が呼び出されます。また、相手方には申立書の写し等が送付されます。相手方は答弁書を作成し、労働審判官と申立人に提出する必要があります。

労働審判も、基本的にはあっせんと同じように話し合いによる和解を目指します。あっせんより回数は多いものの、最大三回しかないため、申立人は自分の主張を明快に行い、その裏づけ資料を準備して臨むことになります。

大まかな流れとしては、紛争についての争点を整理し、審尋《しんじん》などの証拠調べを行ったうえで調停案を提示します。調停案をもとに調停を行い、調停が成立すれば裁判上の判決と同じ効果をもちます。仮に、相手方が決定した義務を履行しなければ強制執行を申し立てることが可能になります。多くの場合、第一回または第二回の期日で終結しますが、第三回まで審理を受けることができます。調停が不成立になると、労働審判委員会による決定（審判）が行われて処分が決定されますが、審判の結果に異議申立てがあったときは、訴訟に移行します。

労働審判では、「自分の主張」を的確に相手方に伝える必要があるので、当事者双方が代理人を立てることが一般的です。代理人には弁護士を選任するケースが多いのですが、その場合は弁護士費用が発生します。費用額はそれぞれの弁護士事務所が独自に設定しているので幅がありますが、「相談時・審判での立ち合い・着手金」などで50万円程度はかかります。また、労働審判で勝ち取った額から成功報酬を支払うケースが多いようです。このように、費用は労働審判で争う額に応じて変わるので、事前に費用も含めて弁護士に相談しましょう。

なお、代理人を立てたとしても、申立てをした本人の出頭が必要になります。

＊　＊　＊　＊

次が最後の戦いである「裁判」です。裁判はあっせんや労働審判とは異なり、長い長い争いになるケースがほとんどです。ですから、気力や体力、お金など、いろいろな準備が必要になります。

③ 裁判で争う

労働問題を扱う裁判は「民事訴訟」に含まれます。民事訴訟は大きく分けて、通常訴訟・手形小切手訴訟・少額訴訟・人事訴訟・行政訴訟がありますが、ここでは労働関係の紛争では最も一般的な「通常訴訟」について説明します。

裁判所に訴えを提起した側の当事者を「原告」といい、訴えを提起された側の当事者を「被告」といいます。

裁判は、原告が裁判所に「訴状」を提出することから始まります。訴状は裁判所のホームページ上でテンプレートが公開されているので、原告自身が作成することもできますが、勝訴を目指すのであればプロに依頼することをお勧めします。弁護士に訴訟を依頼する、訴状の作成のみを司法書士に依頼する、という方法があります。

訴状提出時には、証拠書類の写しや所定の組み合わせの郵便切手をつけ、手数料を支払います。手数料は、通常の「訴え提起の手数料」から「労働審判手続申立て時に納付した手数料」を控除した額となります。つまり、労働審判を経ているほうが少しお得になります。なお、この場合は労働審判の記録も引き継がれます。

裁判所は、訴状に不備がないときは、被告に対して口頭弁論の期日を指定のうえ訴状を送付します。訴状を受け取った被告は、指定の期日までに答弁書を作成して提出します。

裁判が始まると、「弁論準備手続」と「口頭弁論」が行われます。弁論準備手続の開催場所は、公開法廷ではなく、裁判官室など会議室のようなところです。そこで、裁判官と弁護士、当事者が話し合いながら争点と証拠の整理を行います。この時点で和解することもできます。また、整理が尽くされた場合には、法廷での口頭弁論に臨むことになります。裁判官の前で弁論準備手続の結果が陳述され、双方の言い分を聞くとともに、それぞれ証拠に照らし合わせて確認し、また法律の面からの判断を加えて、原告の請求あるいは被告の主張のいずれかを正当とする判決を言い渡します。

弁論準備手続の途中で和解できると比較的早期の解決になりますが、難しい場合は判決を得るまでに一年以上かかることも珍しくありません。そうしたときは弁護士費用も高額になるので、原告も十分な備えをしておく必要があります。

さて、裁判で負けたほうは、判決で決められた内容を実現することになります。

しかし、判決に納得できないときは上級裁判所に上訴し、さらに上部での判断を求めることができます。裁判は地方裁判所・高等裁判所・最高裁判所と進んでいきます。最高裁まで行くとなると、最初に訴状を出したときから結審まで数年かかることも珍しくはありません。

以上のように、裁判とは原告にも金銭的、時間的な負担が大きい制度です。したがって、実際にはどこかのタイミングで弁護士に依頼しての任意交渉や、示談を行うケースもよく見受けられます。しかし、第三者を介すると少なからず金銭的な負担が生じるので、まずは無料あっせんの利用から始めることをお勧めします。

おわりに

私はかつて、「困ったちゃん」でした。そう呼ばれたのは新卒で入った会社の忘年会でのことです。私の隣に上司がやってきて、話しかけました。

「うちの会社には困ったちゃんダービーっていうのがあってね……」

この「困ったちゃん」とは、内定段階から入社するまでに、会社が想定していないことを持ち込む存在のことです。内定者向け課題についての解答が人事部の想定外のレベルであったり、そもそも期日を超えていたりと、困った内容はさまざまのようでしたが、私の場合は、いつも想定内容とは異なる解答を出していたことで会社を困らせていたようでした。もちろん、その忘年会の日まで、そんなダービーが開催されていることも、そこに出馬していたことも知りませんでした。

「きみはうちと合わないから辞めるかと思ったけど、辞めなかったね」

上司はそう言って「お疲れ様」と私の肩をたたきました。

その二カ月後、家の事情もあって、私はその会社を辞めました。

いま思えば、私にも悪いところはあったのです。一つ一つの仕事に「なんで?」と理由を知りたがる一方で、会社の考えを十分に理解できていませんでした。社会人一年目はそんなものという気もしますが、あれから十年以上が経ち、経営者の方々と話すたびに、当時の生意気な自分はさぞ「困ったちゃん」だったと思います。しかし同時に、そう断じた会社にも少し困惑します。なぜ困っていたことを教えてくれなかったのか、指摘されれば改善できたかもしれないのに、自ら気づくことを待っていたのか、と。

私たちの周りにはいろいろな法律があります。働くという行為においては労働基準法を筆頭として多くの法律やルールがあり、それを守る必要があります。しかしながら、これらを体系的に教わる機会はほとんどありません。就職すれば、途端に社会保険や労働保険の適用を受け、給与には天引き控除があります。入社後の説明会できちんと学べる会社もありますが、多くはぶっつけ本番で労働市場に入っていくことになります。

こうしたなかでは「自分で気づく」ことは至難の業です。そもそも、知らないことを知る、気がついていないことに気がつくこと自体が非常に困難です。私自身も実体験として痛感するところです。

本書はこうした知識に触れる機会の少ないビジネスパーソンのみなさんに向けて書きました。「知らなかった」で損をすることなく、また、問題を未然に防ぐための武器として、手元に置いていただけましたら幸いです。

本書で取り上げた事例はすべて、実際に相談いただいたものをベースにしています。私を信用して相談してくださったクライアントのみなさまに心より感謝申し上げます。また、勉強会の仲間や士業の友人・先輩方には多大な協力をいただきました。この場を借りてお礼申し上げます。

企画段階より株式会社アルクの佐野郁世さん、アップルシード・エージェンシーの藤本佳奈さんには丁寧な伴走とご指導をいただきました。お二人がいなければこの本を書くことはできなかったと思います。さらに法律面でのチェックを快く引き受けてくださった私の士業顧問でもある杜若経営法律事務所の友永隆太弁護士にも厚くお礼申し上げます。もちろん、本書の文責はすべて私にあります。

最後に、この本を書かせてくれた夫と三人の子どもたちに感謝を。

最後まで読んでくださって、本当にありがとうございました。

参考文献

- 『労働法　第4版』荒木尚志 著、有斐閣、二〇二〇年六月
- 『事例でわかる問題社員への対応アドバイス』日本組織内弁護士協会 監修、新日本法規出版、二〇一三年四月
- 『事業者必携　管理者のためのセクハラ・パワハラ・メンタルヘルスの法律と対策』戸塚美砂 監修、三修社、二〇一二年十月
- 『Q&A発達障害・うつ・ハラスメントの労務対応』布施直春 著、中央経済社、二〇一八年一月
- 『管理職のためのハラスメント予防&対応ブック』向井蘭 著、ダイヤモンド社、二〇二二年二月
- 『職場のいじめと法規制』大和田敢太 著、日本評論社、二〇一四年七月

村井真子（むらい　まさこ）

社会保険労務士、キャリアコンサルタント。家業である総合士業事務所で経験を積み、2014年、愛知県豊橋市にて独立開業。中小企業庁、労働局、年金事務所等での行政協力業務を経験。あいち産業振興機構外部専門家。地方中小企業の企業理念を人事育成に落とし込んだ人事評価制度の構築、組織設計が強み。現在の関与先160社超。移住・結婚とキャリアを掛け合わせた労働者のウェルビーイング追及をするとともに、労務に関する原稿執筆、企業研修講師、労務顧問として活動している。

【著者エージェント】
アップルシード・エージェンシー
https://www.appleseed.co.jp/

職場問題グレーゾーンのトリセツ

発行日：2023年5月19日（初版）
　　　　2023年9月5日（第2刷）

著者：村井真子
編集：株式会社アルク出版編集部
カバーデザイン：井上新八
本文デザイン・DTP：臼井弘志
カバーイラスト：ヤギワタル
印刷・製本：萩原印刷株式会社
発行者：天野智之
発行所：株式会社アルク
　　　　〒102-0073　東京都千代田区九段北4-2-6　市ヶ谷ビル
　　　　Website：https://www.alc.co.jp/

PC：7023008　ISBN：978-4-7574-4012-8